청춘 인생 방정식

공대 출신 교회 오빠가 풀어주는

청춘 인생
방정식

권성구 지음

한국경제신문 *i*

추천사

저자와 함께 같은 교회공동체를 섬기는 것은 내게 큰 기쁨이고 감사의 이유다. 왜냐하면 성경이 보여주는 진리와 가치관을 실제로 살아내려고 애쓰는 저자를 통해 늘 새로운 도전과 격려를 받기 때문이다.

두 가지 이유에서 이 책을 적극적으로 추천하고 싶다. 먼저 이 책에는 저자의 삶이 실렸다. 저자는 자의 반 타의 반 함께 섬기는 교회의 20대 청년들로 이루어진 공동체의 부장으로서의 직책을 십수 년간 장기집권(?)해왔다. 나는 인사철이 되면 청년공동체의 지체들로부터 다음 해에도 권 장로님을 부장으로 세워달라는 로비(?)에 시달려야 했다. 사실 교회 내에서 청년회 부장직은 맡기를 주저하는 직분 가운데 하나다. 왜냐하면, 청년공동체 부장은 청년들의 마음을 공감하고 함께 호흡할 수 있어야 하기 때문이다. 게다가 청년들에게 '내가 쏘지'라고 할 만한 실탄, 즉 재정적 부담이 있다. 저자의 마음과 주머니에는 이 두 가지가 늘 준비되어 있었다.

추천의 또 다른 이유는 저자는 청년들이 고민하고 꿈꾸는 주제들에 대해 친절하고 세밀하게 조언하고 있기 때문이다. 저자는 성경의 진리와 가치관과 청년들의 삶 사이에 2~3개의 징검다리를 놓아준다. 그래서 성격적 가치관으로 좀 더 수월하게 삶을 향해 발을 내딛게 한다.

저자가 책에서도 이야기하고 있듯이 성경을 읽는 목적은 우리가 맞닥뜨리게 되는 문제들에 대해 손쉬운 답을 얻기 위한 것이 아니리라. 그것은 좀 더 성경적 사고를 심화해가기 위한 것이다. 그런 의미에서 청년의 고민과 꿈은 평생의 문제이며 씨름이다. 직장에서 은퇴를 몇 년 앞둔 저자는 여전히 그것을 위해 씨름 중이다. 그는 여전히 청년의 삶을 사는 중이다.

– 은천교회 담임목사 홍순설

정채봉 씨가 쓴 에세이집에 '만남'이라는 글이 있다. 이 글에서 그는 여러 가지 종류의 만남을 이야기한다. 가장 잘못된 만남은 '생선 같은 만남'이라고 말한다. 만날수록 비린내가 묻어나는 만남이기 때문이다. 가장 조심해야 할 만남은 '꽃송이 같은 만남'이다. 피어 있을 때는 환호하지만, 시들면 버리는 만남이기 때문이다.

이렇게 여러 가지 만남의 의미를 비유로 써 내려가다 마지막으로 가장 좋은 만남은 '손수건 같은 만남'이라고 말한다. 힘이 들 때는 땀을 닦아주고, 슬플 때는 눈물을 닦아주기 때문이다. 권성구 장로의 책을 추천하면서 다른 분의 책을 선전하고 있는 것 같아 겸연쩍지만, 이 《청춘 인생 방정식》은 함께 울고 함께 웃으며 걸어온 소중한 만남의 이야기가 페이지마다 고스란히 담겨 있기에 '손수건 같은 만남'을 당신에게 선물한다. 특별히 길 없는 광야와 같은 시간을 지나며 흔들리고 방황할 수 있는 청춘을 향해 때로는 함께 그 길을 걸어가는 친구처럼, 때로는 한발 앞서간 선배로, 그리고 가보지 않은 길을 달려가는 청춘을 향해 가장 애정 어린 마음으로 응원하는 부모처럼 솔직하고 실제적인 길잡이가 되어줄 것이다.

하나님의 말씀을 묵상하며 길어 올린 삶의 지혜가 누군가에게 충고와 조언으로 전달될 때, 가끔은 흉내 내기가 참 버겁고 앞서간 그 길을 따라가기가 특별해서 '난 저렇게 못 살지!' 하며 힘들다고 입도 벙긋 못하게 만드는 사람들이 있다. 그런데 저자는 자기 몸에 잘 어울리지 않아 누군가를 거추장스럽게 만드는 사람이 아니라, 너무나 자연스럽게 흘러서 주변의 사람들을 '자유롭게 하는 사람이구나!'라는 생각을 하게 되면서 글을 읽어가는 내내 따뜻한 공감이 되었다. 권성구 장로를 대학 캠퍼스에서 만난 지 30여 년이 훌쩍 지난 이 시점에도 여전히 자신을 성장하고 있는 청춘이라 고백하며, 믿음의 경주를 싱싱하게 달려가는 모습이 아름답다. 또 누군가가 자신이 지나온 그 길을 이정표 삼아 따라올 수 있도록 다리 하나를 놓는 이 책이 당신에게 소중한 선물이 되리라 믿어 의심치 않으며 일독을 적극적으로 권한다.

－ 은혜샘물교회 윤만선 목사

인생 여정에서 가장 활기가 넘치고 역동적인 시기라 '푸른 봄(靑春)'이라 불렀다. 그런데 어느 때부터인가 '청춘'의 무게가 무거워져도 너무 무거워졌다. 까닭을 찾으면 답답함만 더 커진다. 쉽게 풀리지 않는 고차 방정식처럼 얽히고 얽힌 문제 덩어리, '푸른 봄'이 아니라 '퍼렇게 멍든 환절기' 같은 '청춘'이다. 이대로 두어서는 안 될 일이다.

《청춘 인생 방정식》, 제목만으로도 '희망'이 읽힌다. 경쾌한 문체에 담긴 지혜는 답답하게 얽힌 문제를 해체한다. 문제가 무겁고 심각하다고, 문제를 담는 언어마저 무겁고 심각할 이유는 없다. '푸른 봄' 같은 청춘의 언어로 '퍼렇게 멍든 환절기' 같은 청춘의 문제를 읽어낸 이 책의 출간이 반갑고 고맙다. 이 땅의 청춘이 푸른 봄을 마주하기를 기대하고 소망한다.

－《내가 나에게》,《햇살 좋은 날 하루를 널어 말리고 싶다》저자,
지식유목민 김건주

프롤로그

서점에 가봤어

"책을 쓰자. 세상에 없으면 내가 한번 써보자."

대학 시절부터 참 많은 신앙 서적을 읽었어. 성경신학, 조직신학, 교회사, 성경주석, 성경강해서부터 제자 훈련 관련 도서, 기도, 성령, 말씀 등의 주제별 지침서 등 참 많은 책을 읽었지. 하지만 내 삶에 부딪히게 되는 작은 문제들에 대해서 공감 가는 답을 주거나, 실제적인 지침을 주는 책을 만나기는 쉽지 않았어.

"없으면 내가 쓰자"라는 마음을 먹고 서점에 가봤어. 기독교 코너에는 참 많은 책이 있었지만 90% 이상, 성경, 성령, 기도, 예배, 공동체라는 주제를 다루고 있었고, 전문 사역자들에 의해 쓰여 있었지. 기본적 진리를 알아야 삶의 방향이 정해지는 것이니 이런 것들은 정말 중요한 문제야. 하지만 우리가 살면서 항상 이러한 생각을 하고 살지는 않는데, 너무 편중되어 있다는 생각을 하게 돼. 오히려 일, 친구, 가족, 고난 등이 인생의 90%를 차지하는데, 이런 것들에 대한 이렇다 할 지침이 없다는 것이 안타까워.

복음이란 무엇일까?

복음(믿음)이란 무엇일까? 이것에 대해 고민해본 적이 있어? 소요리 문답(小要理問答, Shorter Catechism)에 대해서는 들어봤을 거야. 1600년대 중반 쇠퇴하는 영국 정교의 자리를 이어 교회의 중심 세력으로 부각하게 된 장로교회가 통일된 신조를 만들기 위해 제정한 신앙 고백서 일부야. 각계에서 엄선된 지도자 151명이 모여서 1,064회의 토론 끝에, 개혁교회 신앙의 기준이 된 '웨스트민스터 신조'를 제정했고, 그중에 핵심 교리를 107개의 문답으로 만들어놓은 문서야.

이 문답서 제1문은 "사람의 제일 되는 목적이 무엇인가? 사람의 제일 되는 목적은 하나님을 영화롭게 하는 것과 영원토록 그를 즐거워하는 것이다"로 인간의 존재 이유를 정의해놨어.

대학 시절, 이 교리서를 접하고 한 가지 생긴 질문은 내 평생의 질문이 되어 아직도 답을 찾아가고 있어.

"복음을 위해 우리(사람)가 있는 것일까, 우리(사람)를 위해 복음이 있는 것일까?"

신학자들은 믿음을 신본주의와 인본주의로 선을 긋고 있어. 정통 신학(보수신학 - 하나님을 영화롭게 하는 것이 인간의 목적이다)은 믿음을 신본주의 테두리 안에 두고, 자유신학(예수는 구약의 율법을 재해석한 선지자라는 입장)이나, 해방신학(인간사회의 변화가 예수 가르침의 본질, 믿음이란 그것을 실현해내는 것이라는 입장)은 인본주의 사조로 분류해서 경계해야 할 사상으로 보는 거지.

나는 하나님의 뜻을 신본주의, 인본주의 사상으로 분리하는 것이 타당하지 않다고 생각해.

이런 재미없는 이야기를 하는 건, 인본주의를 배제하는 족쇄가 우리 신앙 생활 고민의 시작점이라고 생각해서야. 많은 목회자가 인본주의적 접근에 아주 민감한 히스테리적 반응을 보여. 한때는 교회 안에서 직장이나 불신 가족의 이야기를 하는 것조차도 '거룩한 주일에 세상 근심에 빠져 사는 경건하지 못한 자세'라는 입장을 보이기도 했어. 최근 들어 '일상의 영성'을 이야기하고 '삶이 예배다'라는 주제가 논의되기 시작했지만, 여전히 교회 안에서의 일반적 정서는 성경을 보고, 기도하고, 찬양을 하는 것은 거룩한 삶이고, 생업에 집중하고, 개인적인 유희를 즐기고, 신앙을 갖지 않은 사람들과 어울려 여행을 다니는 등의 행동을 하는 사람은 신실하지 못하다고 치부하는 경향이 남아 있어.

이런 교회 내 문화에서 자라난 크리스천들은 교회 밖 세상에서 중심축 밖으로 맴돌게 되든지, 아니면 일부 세상 권력의 상층부를 차지한 성공한 크리스천들 중심으로 교회 밖 문화에 대한 적대적 태도를 보이고, 자신의 권한 안에 있는 비기독교인들을 차별하거나 비하하는 일을 서슴지 않는 비극을 가져왔지. 지금 이 시대 교회가 세상으로부터 외면당하는 것이 과연 우리 속의 '복음이 가진 진리의 선명성' 때문인지 아니면 '왜곡된 신앙관에 의한 사회성 결여' 때문인지 고민이 필요해.

골목길에서 헤매는 내비게이션

내비게이션은 최근 인간이 만들어낸 도구 중 참 멋진 작품이야. 나 같은 길치도 내비게이션 덕분에 전국 어디나 마음 놓고 여행을 다닐 수 있게 되었지. 내비게이션은 우리가 가보지 않은 곳을 여행할 때 길을 잃지 않고 목적지에 도착할 수 있도록 안내를 해주기 때문이야. 하지만 내비게이션의 초기 보급기에는 길을 가다 당황하는 경우가 간혹 있었어. 특히 도심을 지나 한적한 외곽지역이나, 오래된 도시의 정비되지 않은 골목길을 가다 보면 분명 목적지 부근이라고 안내를 하지만, 주변에 아무것도 발견할 수 없는 낭패를 겪곤 했지. 그 이유는 내비게이션의 데이터가 정밀하지 못했기 때문이야. 그래서 큰 길을 선택할 때는 내비게이션을 의지하며 목적지 주변에서는 전화를 하거나 주변 상황을 파악해서 목적지를 찾아야 했어.

우리는 성경이라는 절대적인 인생 가이드를 가지고 있어. 하지만 네가 살아가는 현장에서는 성경에 언급되지 않은 상황이 수시로 발생하게 되지. 그래서 좀 더 세밀한 인생 가이드를 찾아 신앙 서적을 찾는 거야.

그런데 이 지침서를 만들어내는 저자들의 대부분이 인본주의에 대한 히스테리적 거부감을 가진 성직자들이야. 그러니 대부분의 지침은 네가 하지 말아야 할 것들의 나열과 그 이유를 설명하기 위한 신학적 근거를 설명하는 데 치중하는 것 같아. 마치 좁은 주차장에서 주차하는 아내에게 자동차 공학과 기구학을 열심히 설명하고 있는 나와 같은 모습이지. 맞는 말이긴 한데 별로 도움이 되지 않고 가끔은 짜증도 나게 하는 상황인 거야.

출사표를 던지다

우리가 운전하기 위해 법률을 전공할 필요는 없잖아? 기본적인 교통법규를 이해하고 상식 수준의 행동 양식을 갖추는 게, 교통법규를 전공해서 상황별 귀책 비율을 정확히 판단할 수 있는 능력을 갖추는 것보다 유익하다고 생각해. 나는 너에게 상식 수준의 신앙 생활 팁을 알려주고 싶어. 때로는 엄밀한 교통법규에는 위반되는 것일지 모르지만, 너의 실제 인생 여정에서 즐겁고 안전하게 목적지에 도달할 수 있기 위한 약간의 융통성을 발휘하는 신앙 생활 지침서를 선물할게.

차례

추천사 - 4
프롤로그 - 8
인생 방정식 해설 - 16

1장 '나'를 대하는 자세

'나'대로 살기 - 프로가 아니어도 괜찮아   22

둘인 듯 하나 - 우월감, 열등감 그리고 자존감   29

인정받는 삶 - 나도 춤추고 싶어요   35

배움 - 인생 게임의 레벨게이지   42

중독 - 좋은 중독은 없다   49

고난 - 인생의 함정을 만날 때   55

믿음 - 소망의 현실화   63

2장 '짝'을 대하는 자세

연애 - 짝을 찾아 떠나는 탐험   70

오해 - 신앙이 없는 사람과 사귀면 안 되나요?   78

스킨십 - 결혼 전에 함께 자는 게 문제인가요?   85

결혼 - 새로운 관계의 시작   94

식구 와 가족 - 출산, 육아   102

배우자의 가족 - 의존, 독립   108

헤어짐 - 실패와 성장   114

3장 '이웃'을 대하는 자세

좋은 가족 - 축복 누리기   122

상처 입은 가족 - 치유를 위한 여정   129

친구 - Give & Take, Give & Nothing   135

이웃사촌 - 함께할 축복   142

교회 가족 - 슬기로운 교회 생활   148

직장 동료 - 내 삶의 1/3   154

남 - 세상의 시선   159

4장 '소유'를 대하는 자세

재물 – 돈을 버는 이유?   166
권력, 명예 – 권력과 명예를 목적으로 삼을 것인가?   172
공의 – 세상은 왜 공정하지 않은가   179
소확행 – 사치, 궁상, 인색의 관계   187
불로소득 – 크리스천의 노동관   196
캥거루족 – 아빠 차, 엄카 사용 매뉴얼   201
공짜는 없다? – 사회 복지 혜택 이용하기   208

5장 '일'을 대하는 자세

직업관 – 좋은 직업? 나쁜 직업?   216
공과 사 – 가이사의 것은 가이사에게   225
선택 – 신념과 회사의 방침이 충돌할 때   232
문화적 갈등 – 술, 관례, 접대   239
소통 – 상사와의 갈등을 대하는 자세   247
협업 – 동료를 대함   253
보상 – 급여가 형편없어요   262

6장 '사회 이슈'를 대하는 자세

빈부 갈등 – 동정이 아닌 나눔, 정의감과 당당함   270
세대 갈등 – 라떼 감성과 꼰대, 90년대생   278
이념 갈등 – 진보 vs 보수   285
젠더 갈등 – 같음과 다름   292
종교 갈등 – 미신, 사이비, 이단, 타 종교   299
소외 계층 – 외국인, 다문화 이웃   307
환경 문제 – 과잉 부가가치를 추종하는 인간   314

에필로그 – 320

인생 방정식 해설

$$y = A \times x^n$$

y : 삶의 결실
A : -, 0, + (Out of Jesus, In Jesus)
x : 일상(자아 + 신앙 + 사랑 + 일 + 소유)
x^n : n, 은혜

누군가 불쑥 "너는 왜 사니?" 하고 물었을 때, 떠오르는 하나의 이미지를 정의하는 것은 매우 유용해. 수많은 인생의 질문과 선택의 갈림길에서 방향을 잃지 않을 이정표가 분명해질 수 있지.

예수의 사람으로 사는 인생 방정식이야. 믿음, 은혜, 행위, 그 알쏭달쏭한 관계의 방정식을 만들어봤어.

A는 삶의 방향성 – 믿음, 자유의지

예수 안에 있을 것인가? 예수 밖에 있을 것인가? '오직 예수'의 구호가 적용되는 영역이지.

예수가 있으면 어떤 삶을 살든 그것은 생명이고, 예수 밖에 있을 때 세상 모두가 인정하는 성인의 삶을 산다 해도 그것은 사망을 향해 갈 뿐이야. A가 '0'면 우리 삶도 '0'이 되고, A가 '–'면 우리가 추구하고 이루는 모든 것은 하나님으로부터 점점 멀어지게 할 뿐이야. 문 두드리는 소리에 반응하는 것은 너에게 주어진 의지야.

"볼지어다. 내가 문밖에 서서 두드리노니
누구든지 내 음성을 듣고 문을 열면
내가 그에게로 들어가 그와 더불어 먹고
그는 나와 더불어 먹으리라."

[요한계시록 3장 20절]

n은 하나님의 은혜 – 주어진 것

동일하게 열심히 살아도 결과는 같지 않아. 수많은 변수가 존재하는 것이 삶이기 때문이지. 그래서 하나님은 그 삶의 절대적 결과로 우리를 판단하시지 않지. 나에게 주어진 삶을 살았을 때 그 결과가 30배, 60배, 100배의 결실을 보는 것을 은혜라고 해. 은혜는 나로부터 오는 것이 아니기에 내가 책임질 영역도 아니야. 그저 기쁘게 받는 것이 은혜를 대하는 올바른 자세야.

"주인이 그중의 한 사람에게 대답하여 이르되

친구여 내가 네게 잘못한 것이 없노라.

네가 나와 한 데나리온의 약속을 하지 아니하였느냐."

[마태복음 20장 13절]

X는 삶의 요소 – 행함

나를 둘러싸고 있는 자아, 신앙, 사랑, 일, 소유 등이 삶의 요소야. 성경에서는 이 영역을 행함, 성령의 열매라고 언급하고 있어. 많은 크리스천들이 이 부분에서 혼란을 겪어. 자신에게 주어진 주도권을 하나님에게 미루고, "나는 기도해", "나는 주님의 뜻을 기다리고 있어"라는 무책임한 합리화로 일관하는 경우를 많이 보게 돼. '가이사의 것은 가이사에게'라는 말씀은 행함의 영역이 세상과 분리될 수 없음을 이야기하는 거야. '가이사'라는 '말은 문화, 상식, 사회적 합의'라는 말로 바꿀 수 있다고 생각해. 이 글에서 나는 삶의 요소에 대한 이야기를 하려고 해. 이 세상에 발을 딛고 살아가는 예수의 사람들이 가져야 할 삶의 태도를 제안하는 거야.

"가이사의 것은 가이사에게,

하나님의 것은 하나님께 바치라."

[마가복음 12장 17절]

1장 ——— '나'를 대하는 자세

너희는 택하신 족속이요 왕 같은 제사장들이요 거룩한 나라요

그의 소유가 된 백성이니

베드로전서 2장 9절

'나'대로 살기

프로가 아니어도 괜찮아

내가 만난 질문

살다 보면 정신이 번쩍 나는 질문을 만날 때가 있어. 책을 읽다가, 영화를 보다가, 심지어는 아무 생각 없이 넋 놓기를 하다 문득 만나는 질문으로 인해 인생의 갈림길을 만나게 되는 거야.

대학 신입생 시절 만난 동아리 선배의 한마디가 내가 처음 만난 질문이 되었어.

> "주변이 보는 나와 실제 내 모습의 차이를 만날 때,
> 그때가 나는 힘들어!"

실제의 나와 세상에 보여지는 나, 그 괴리에 대한 자각, 이 질문은 그 후 30여 년을 살면서 내 삶을 이끄는 큰 질문이 되었고, 선택의 갈

림길을 만날 때마다 길을 찾는 나침반이 되어주었어.

프로페셔널 vs 아마추어

우리는 프로선수들의 스포츠 경기에 열광하곤 해. 손흥민의 멋진 숏 장면을 보면서 마치 내가 경기를 뛰고 있는 듯 감정 이입을 하고, 그의 발을 떠난 공이 그물망에 꽂히는 순간 극도의 행복감을 느끼지. 하지만 운동장에서의 나의 몸은 새털처럼 가볍지도 않고, 내 발을 떠난 공은 하늘로 치솟기 일쑤인 게 현실이야. 그래도 죽어라 뛰고, 헐떡이는 숨을 몰아쉴 때면 손흥민의 경기를 볼 때와는 또 다른 행복감을 느끼게 돼.

프로와 아마추어의 차이는 무엇일까? 네이버 사전을 찾아보면, 다음과 같이 정의되어 있어.

프로 - 프로페셔널 : 어떤 일을 전문적으로 하거나 그런 지식이나 기술
                을 가진 사람
아마 - 아마추어 : 예술이나 스포츠, 기술 따위를 취미로 삼아 즐기는
              사람, 비전문가

너에게 묻고 싶어.

"너의 삶은 프로야? 아마추어야?"

너의 신앙은 프로의 신앙이야? 아마추어의 신앙이야? 우리는 은 연중에 프로는 위너(Winner), 아마추어는 루저(Loser)라는 생각을 하고 있 지. 하지만 조금 생각을 비틀어보면 오히려 아마추어가 승자고, 프로 는 패자이기도 하지. 우리의 삶에서 대가를 지불하는 사람과 대가를 받는 사람이 있다면, 누가 승자일까?

프로는 고객(대가를 지불하고 그를 고용한 존재)을 위해 자신의 재능을 팔 지. 프로는 어떠한 환경에서도 본인이 가진 최대 능력을 발휘해서 최선 의 결과를 도출하는 것이 존재 이유야. 나보다 더 능력자가 나타나면 최소한 그 바닥에서는 더 이상 존재 이유가 없게 되는 거야. 프로가 하 는 일은 자신을 위한 일이 아니고, 대가를 지불한 사람을 위한 것이기 때문이야.

아마추어는 자신을 위해 무엇인가를 해. 그래서 결과는 중요하지 않지. 그 일을 하는 과정 자체가 목적이기 때문이야. 어설픈 실력으로 웃음을 자아내는 플레이를 해도 그 순간 즐거움을 누렸기에 그것으로 충분하고, 옆에 있는 경쟁자가 나보다 월등한 실력을 갖추고 있다 하 더라도 그것이 내가 그 일을 그만두어야 할 이유가 되지 않지.

나와 나의 괴리

너의 삶을 아마추어로 살아도 좋다고 말하고 싶어. 신앙 생활도 아마추어처럼 해도 좋아. 나의 청춘 시절, 신앙의 열정을 북돋아주고,

마음을 뭉클하게 했던 〈낮엔 해처럼, 밤엔 달처럼〉이라는 CCM이 있어.

낮엔 해처럼 밤엔 달처럼 그렇게 살 순 없을까?
욕심도 없이 어둔 세상 비추어 온전히 남을 위해 살듯이
나의 일생에 꿈이 있다면 이 땅에 빛과 소금 되어

(중략)

예수님처럼 바울처럼 그렇게 살 순 없을까
남을 위해 당신들의 온몸을 온전히 버리셨던 것처럼

(후략)

이 찬양의 가사처럼 '예수님처럼, 바울처럼' 살고 싶은 것이 내 꿈이었고, '남을 위해 당신들의 온몸을 버리셨던 것처럼' 사는 것이 크리스천의 삶이라고 생각했어. 그런 나에게 선배의 뚱딴지같은 질문이 나의 생각을 때린 거야.

"주변이 보는 나와 실제 내 모습의 차이를 만날 때,
그때가 나는 힘들어!"

이 질문을 만난 후 30년을 살아보고 너에게 해주고 싶은 말이 있어. 예수를, 바울을 너의 롤 모델로 삼고 살 필요는 없다는 거야. 바울처럼 사는 삶은 참 가치 있는 일이지만, 모두가 바울이 될 수는 없어. 심지어 우리는 절대 하나님의 아들 예수가 될 수도 없지. 성경에 기술된 구약 4,000년, 신약 2,000년 총 6,000년 역사를 통틀어 바울과 같은

프로페셔널 크리스천은 그리 많지 않아. 내가 사는 모습을 그런 초특급 프로선수와 비교하며 산다면, 나는 언제나 루저가 될 수밖에 없어.

두 개의 선택

이제 너에게는 두 가지 선택의 길이 있어.

하나의 길은,

너의 진실의 모습을 조금 감추고 그럴듯한 프로페셔널 크리스천을 연기하는 거야. 한 주간 일상의 삶에서는 스스로 세운 기준과 좀 동떨어져 살지만, 주일에 만나는 믿음의 가족들에게는 들키지 않을 수 있을 만큼 연기를 하는 거지. 교회에서, 일요일에 만나는 사람들은 나의 신앙을 칭찬하고, 내가 하는 각종 교회 활동을 부러워하겠지만, 그건 오직 교회 안에서의 내 모습일 뿐이야. 처음에는 나의 본래 모습과 교회에서 보여지는 내 모습의 괴리감이 어색해서 당황하고 고민하기도 하지만, 그 기간이 길어지고, 칭찬의 농도가 짙어지고, 익숙해지면 어느 틈엔가 자신을 바울이라고 생각하게 될 수 있어. 바울이 아닌 바울을 연기한 프로페셔널 크리스천이 되어가는 거야. 하지만 결과는 좀 비참해. 네가 살아가는 삶과 너의 신념에 균열이 발생하거든. 삶의 실제와 신념이 괴리된 크리스천, 그런 삶은 자신을 피폐하게 하고, 예수의 진리로 세워진 교회도 무너지게 하지. 최근 교회가 이 사회에서 보여지고 있는 바람직하지 못한 모습은 신앙인의 생활 저변에 깔린 신앙과 삶의 분리에 그 근본적인 원인이 있어.

다른 한 길은,

아마추어로 남는 거야. 배우고, 확신하고, 그만큼 살아보는 거지. 이제 교회의 온실을 벗어나 삶의 현장으로 나가는 너에게 말해주고 싶어.

자신의 삶을 사는 인생을 위한 제안

"프로페셔널이 아니어도 좋아. 배우가 아닌 너의 삶을 살아봐. 너의 본래 모습과 너의 삶이 괴리가 벌어지지 않도록 주의하면서 사는 거야. 살다 보면 어느새 예수를 닮은 삶을 살고 있을 거야."

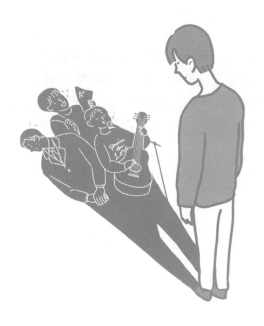

너는 배우고 확실한 일에 거하라

디모데후서 3장 14절

둘인 듯 하나

우월감, 열등감 그리고 자존감

N포세대, 헬조선

2010년대 초반에 홀연히 한국 사회에 등장한 '3포세대'라는 말이 있지. 어려워진 취업 환경으로 연애, 결혼, 출산을 사치로 여겨 포기하고, 나 하나 잘사는 게 유일한 목표라는 가치관을 가진 세대를 말하는 거야. 이 말은 급속한 변이를 거쳐 5포(집, 경력 포기), 7포(희망, 인간관계 포기)를 지나 N포세대로 수렴했어. 포기할 것을 더 이상 나열하는 것을 포기한 거지. 그리고 그 뒤를 이어 헬조선, '한국은 지옥 같은 나라'라는 꼬리표가 따라붙게 되었어.

이런 상황에 대해 기성세대들은 "요즘 애들은 배가 불러서 그래. 일 년 내내 휴일도 없이 하루 12시간 이상씩 일하고, 베트남 전쟁터든, 중동의 건설 현장이든, 돈을 벌기 위해서 어디서 무엇이든 해서 이만큼 살게 된 걸 모르고 뭐가 부족하다고 N포를 이야기하는지 이해할 수 없어"라고 말해.

"요즘 애들은 너무 나약해"라고 규정하지.

전쟁 중 생사의 경계를 넘나들던 할아버지 세대보다, 하루 12시간 시간 이상을 휴일 없이 일했던 아버지 세대보다, 훨씬 풍요로운 청춘 시절을 보내지만, 90년대생들은 더 크게 절망하고 있어. 연애도, 결혼도, 출산도 포기하고 싶은 이 N포 세대가 겪는 절망의 근원은 무엇일까?

경쟁하는 게 싫어요

작년에 어떤 친구가 나에게 물었지.

"꼭 경쟁을 해야 하나요? 경쟁하지 않고 살면 안 되나요?
나는 경쟁하는 게 싫어요."

조금 갑작스러운 질문에 나는 당시에 가지고 있던 솔직한 생각을 말했어. "경쟁은 숙명이야. 특히 네가 한국 사회에 발을 붙이고 사는 이상 너는 끊임없이 비교당하고 판정을 받을 수밖에 없어. 주어진 재화를 서로 많이 차지해야만 하는 게임 룰에서 경쟁 없이 살 방법은 없어. 가끔 자연인 같은 삶을 사는 사람도 있지만, 그렇게 살기 위해서는 너무나 많은 것을 포기해야 해. 쾌적한 보금자리, 맛있는 음식, 자극적인 즐거움 등 그런 걸 포기할 마음과 용기가 있다면, 경쟁하지 않고 살 수 있지."

그런데 그 조언이 정말 맞는 말일까? 두고두고 그 친구에게 미안한 마음이 들었어. 경쟁이 필연이라는 사실을 모르고 한 질문이 아닐 텐데, 치열하게 경쟁하고 부딪히다 지치고 힘에 부쳐 좀 벗어나고 싶어 한 질문일 텐데….

우월감과 열등감

너무나 커다란 차이가 있을 것 같은 우월감과 열등감이 사실은 등을 맞대고 있다는 생각해본 적 있어? 차의 성능을 표현하는 말 중에 '하차감'이라는 말이 있어. 차에서 내릴 때 바라보는 주위의 눈빛에서 결정되는 차의 상품력을 하차감이라고 한다네.

호텔 로비에 모닝과 그랜저와 포르쉐가 도착하고, 차에서 세 사람이 동시에 내리고 있는 장면을 떠올려봐. 그랜저의 차주가 느끼는 묘한 감정이 바로 우월감과 열등감이 등을 맞대고 있다는 걸 잘 설명해주지.

네가 삶에서 중요하다고 생각하는 게 부자가 되는 것이든, 권력을 갖는 것이든, 명예를 얻는 것이든 결국 그 가치는 지극히 상대적이야. 우리나라의 최고 부자인 삼성의 이재용 부회장의 재산은 약 7조 2,000억 원이라고 해. 90조 원을 가진 빌 게이츠의 10분의 1도 되지 못하는 수준이야. 권력으로 생각한다면 대한민국의 대통령이 미국의 대통령에게 뭔가를 요구하는 경우는 별로 없지. 강대국 앞에서 약소국의 외교적 비굴함은 피할 수 없는 현실이야. 고귀해 보이는 명예라는 가치도 그 상대성은 별로 다르지 않아. 열등감과 우월감이 두 개인 듯 하나라는 사실 인식은 매우 중요해.

N포세대, 절망의 근원이 바로 이 상대적 박탈감에 있기 때문이지. 너는 지금 이 시대를 함께 살아가는 세대가 경험한 한국전쟁 시절보다, 한국경제의 태동기 1960~1980년대보다, IMF 시절보다 분명 풍요로운 세상을 살고 있지만, 공무원 학원을 전전하며 혼밥(혼자서 밥을 먹음)을 하다 보면 대기업에 보기 좋게 합격해서 신입사원 연수받는 사진을 인스타그램에 올린 친구가 부럽고, 변변한 월세방 얻을 돈도 없는 나를 남자친구로 둔 여자친구에게 죄책감을 느끼게 되곤 하지.

우월감과 열등감의 극복 열쇠 – 자존감

"꼭 경쟁을 해야 하나요?"라고 그 친구가 다시 묻는다면, 경쟁을 피할 수 없지만, 그 상대의 자리에 불특정 누군가가 아니라 자기 자신을 놓으라고 말해주고 싶어. '누구보다 늦은 취직, 누구보다 형편없는 급여, 누구보다 힘든 하루, 내 인생은 왜 이렇게 꼬이기만 하지'라는 생각에서 '나는 어떤 일을 할 수 있지?', '지금 나는 어디를 향해 가고 있지?', '나는 이 과정을 통해 뭘 얻고 있는 걸까?'라고 생각하는 거야. 비교의 대상을 '자신'으로 두는 거야. 어떻게 보면 세상의 가치를 거스르고 산다는 것은 두렵기도 하고 현실적인 어려움을 동반할 수도 있어. 하지만 내가 아닌 누군가와 비교한다고 해서 그 상황이 달라지는 건 아니야. '내가 저 사람보다는 조금 좋은 상황이지'라고 생각하는 우월 감은 나를 나태하게 만들고, 상대방을 해치는 행위야. 반대로 '나는 왜 이래?' 하고 자책하는 것으로는 주어진 상황이 전혀 바뀌지 않고 점점 나쁜 방향으로 흘러갈 뿐이지. 그래서 이야기해주고 싶어.

자존감을 키우기 위한 제안
"치열하게 경쟁하되, 경쟁자의 자리에 어제의 나, 오늘의 나를 두어보는 건 어떨까?"
'나는 어제보다 요만큼 내 꿈에 가까워졌구나'
'나는 참 소중한 사람이구나. 내일은 요만큼 더 자라보자.'

오직 여호와를 앙망하는 자는 새 힘을 얻으리니

독수리가 날개치며 올라감 같을 것이요

달음박질하여도 곤비하지 아니하겠고

걸어가도 피곤하지 아니하리로다

이사야 40장 31절

인정받는 삶

나도 춤추고 싶어요

칭찬에 대한 갈증

《칭찬은 고래도 춤추게 한다》는 한때 우리나라를 떠들썩하게 했던 리더십 관련 번역서 제목이지. 이 책의 출간으로 우리 사회는 칭찬, 격려의 힘을 본격적으로 생각하기 시작했어. 그런데 사실 이 책의 원제목은 《Whale done》이야. 조련사의 훈련으로 '고래는 해낸다' 정도의 의미인데, 한국어 번역자가 기가 막힌 제목을 창조해낸 거지. 이 책을 안 읽어본 사람은 있어도 이 제목을 못 들어본 사람은 거의 없을 만큼, '칭찬 = 춤추게 한다'라는 스토리텔링의 성공사례로, 이 시대를 살아가는 사람들이 남들로부터의 인정, 칭찬에 얼마나 목말라 하고 있는지를 보여주는 증거라고 생각해.

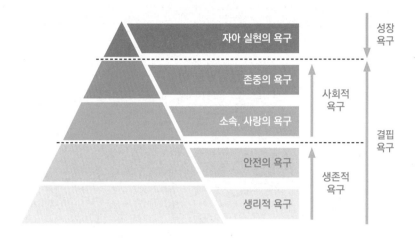

욕구 위계 이론

매슬로우(Maslow)의 욕구 위계 이론에서 인간욕구는 5단계의 순서를 따른다고 말하고 있어.

1단계 - 생리적 욕구

2단계 - 안전 욕구

3단계 - 소속, 사랑의 욕구

4단계 - 존중의 욕구

5단계 - 자아실현의 욕구

가장 저변에 있는 생리적 욕구부터 만족을 갈망하며, 한 단계의 욕구가 해결되면 다음 단계의 욕구를 채우려는 단계로 발전한다고 이야기하지. 이 다섯 단계 욕구는 부족하면 심한 타격을 입게 되는 '결핍 욕구'와 더 나은 미래를 기대하는 '성장 욕구'로 크게 나누어져. '인정'받고자 하는 마음인 '존중 욕구'가 채워지지 않으면 결핍 욕구가 되어버리는 거야.

배가 고프면 먹어야 하고, 위험에 처하면 본능적으로 위험을 회피하려고 하듯이 존중받지 못하는 자아는 일종의 결핍 상황에 놓이게 되는 거야.

소외

한때 우리 사회에 구조조정의 바람이 불었던 IMF 시절, 기업들은 부당해고금지법의 법망을 피해가며 인원 감축을 하기 위해 '대기 발령'이라는 방법을 이용했지. 이런저런 이유로 대기 발령 대상자가 되면 어느 날 갑자기 회사의 모든 전산망에 접속이 안 되도록 조치를 하는 거야. 어제까지 잘 사용하던 회사 아이디로 회사 전산망에 접속할 수 없게 되는 거지. 매일 회사를 출근하지만, 해야 할 일도 없고, 어느 누구도 나를 찾아주지 않는 상황을 생각해봤어? 회사에 출근하지만, 투명인간이 되는 사회적 공황 상태. 많은 경우, 소외를 견디다 못해 스스로 사직을 결정하는 경우가 많았어.

소외, 인정받지 못한다는 것은 사회적 사형선고나 마찬가지인 거야. 누구나 인정받고 싶은 욕구가 있지만, 불행하게도 모두 인정을 받는 것은 아니야. 흔히들 "열 손가락 깨물어 안 아픈 손가락 없다"라고 말하지만, 이 말은 절반만 사실인 것 같아. 두 아이를 키워본 경험에 의하면 안 아픈 손가락은 없지만, 상황에 따라 덜 아픈 손가락은 있더라고. 그리고 더 예쁜 손가락도 분명히 존재하고.

자식을 대하는 부모의 마음도 그런데, 수많은 사람이 서로 얽히고 설켜서 살아가는 세상에서 누군가는 눈에 띄고, 누군가는 존재감 없고, 누군가는 눈에 거슬리는 사람이 생기게 되는 건 당연한 일이지!

나도 춤추고 싶어요. 교회에서, 세상에서

갑자기 떠오르는 CCM이 하나 있어.

나의 왕 앞에서 노래하며 춤을 춰
아무것도 내 열정 막을 수 없으리
나는야 다윗처럼 춤을 출 거야
사람들이 비웃어도
나는야 다윗처럼 춤을 출 거야
나나나 나나나 헤이~

너는 춤을 추고 싶은 걸까? 인정을 받고 싶은 걸까? 다윗이 춘 춤과 네가 추는 춤의 의미는 다를지 모르지만, 이 노래를 대할 때 너의 마음은 세상에서 보란 듯이 춤을 추며 사는 크리스천이 되고 싶을 거야. 찬양하며 교회가 떠나가라 외치고, 뛰듯이 너의 일상도 그렇게 살

앉으면 하는 마음이지. 그런데 월요일 아침의 상황은 이와는 좀 동떨어져 있는 때도 있어. 내가 가진 신앙의 소신과는 상관없이 직장의 상사 앞에서 나는 한없이 초라해지거든. 금요일에 퇴근하면서 준비하라고 지시했던 것을 옆자리 동기는 어느 틈에 준비해서 보란 듯이 내미는데, 나는 아직 머릿속에 빙글빙글 맴돌기만 할 뿐, 정리가 안 된 상태거든. 나는 금요일 기도회 찬양 인도 준비도 해야 했고, 토요일은 리더 모임이라고 온종일 붙잡혀 있었어. 일요일은 뭘 한 거지? 하여튼 이런저런 모임에 쫓아다니다 정신을 차려보니 일요일 저녁 시간도 훌쩍 지나서 집에 왔단 말이야. 도대체 어떻게 해야 이 세상에서 살아남을 수 있는 걸까?

진실을 믿어봐

진심의 힘을 한번 믿어봐. 《삼국지》에 보면 유비가 제갈공명을 찾아가서 같이 한번 동업해보자고 꼬시는 장면이 나오지. 한 번쯤 들어는 봤을 거야. 삼고초려(三顧草廬)라는 말을. 세상의 모든 지혜를 다 갖춘 제갈공명의 눈에 유비의 모습은 좀 한심해 보였을 거야. 이미 중원을 차지하고 있는 천하의 조조, 막대한 군사력으로 강남 지역을 호령하고 있는 손권이 세상 한편을 지배하고 있던 난세에, 유약하기 그지없는 유비가 찾아와 같이 세상을 도모해보자고 하니 얼마나 어이가 없었을까? 그런 상황에서 아무것도 내세울 것 없는 유비가 제갈공명을 꼬실 수 있었던 비장의 무기가 바로 이 '삼고초려'야. 문전박대를 세 번이나 당하고도 묵묵히 똑같은 일을 반복하는 유비의 우직함과 진실함이 공명의 마음에 공명된 건 아닐까? 거기에 매우 중요한 히든카드가 하나 있었는데, 유비가 바로 황족(황제의 혈통)이라는 사실이지.

어때, 힌트가 좀 생기지? 네가 가진 환경이나 여건이 그다지 유리하지는 않아. 오히려 남들보다 더 많이 움직여야 하고 더 많이 뭔가를 계속해야 해. 그렇지만 주말의 일들은 네가 좋아서 하는 일이잖아. 너의 직장 상사는 네가 하는 일에 별로 관심이 없어. 그럼 뭘 보여줄 수 있을까? 세상의 일들에 너의 진심을 다해야 해. 그래도 부족한 것들로부터 오는 불이익은 수용해. 그 불이익보다 더 많은 것들을 하나님의 자녀로 누리고 있음을 기억해. 너는 하나님의 자녀고, 하나님은 변하지 않으시는 분이야. 그게 네가 가진 최고의 가치임을 잊지 마. 크리스천은 원칙론자일 수밖에 없어. 이것만이 유일한 진리라고 믿고 사는 거잖아.

인정받는 삶을 위한 제안

너의 원칙을 고수해봐. 언제나 성실하게, 진심을 가지고 일과 사람을 대하는 거지. 눈에 보이는 작은 성과에 집착하기보다 큰 그림을 그려보는 거야.

여호와의 언약궤가 다윗 성으로 들어올 때에

사울의 딸 미갈이 창으로 내다보다가

다윗 왕이 **춤추며** 뛰노는 것을 보고

역대상 15장 29절

배움

인생 게임의 레벨게이지

잉글리쉬-빙글리쉬(English Vinglih) - 배움의 시작점

유럽행 비행기를 탔던 적이 있어. 여행이란 매우 설레는 일이지만, 이코노미 좌석에서의 10시간은 그다지 유쾌한 일은 아닌 것 같아. 온몸이 뒤틀리고 빨리 착륙하기만 기다리다 시간을 좀 때워보려고 기내 영화를 하나 골랐어. 우리말 제목은 〈굿모닝 맨하탄〉이라는 영화였지. 인도의 한 부유한 가정의 전업주부가 자기발견을 해나가는 스토리야.

영화를 통해 인도의 언어를 보면 서민층은 일상생활에서 힌두어를 쓰고, 상류사회와 비즈니스 세계에는 영어를 쓰는 듀얼랭귀지(Dual language) 사회인 것 같아. 잘나가는 남편은 유창한 영어를 사용하고, 중산층의 좋은 교육을 받는 두 자녀도 영어를 유창하게 하지만, 전통교육만을 받은 주인공 샤시는 빙글리쉬(우리말로 표현하면 콩글리쉬) 수준의 영어밖에 못 하는 상황이야. 영어를 구사하지 못한다는 이유로 사춘기 딸과 남편에게 암묵적인 무시의 대상이지. 자신만을 빼놓고 영어로 대화에 열중하는 부녀와 그 사이에서 샤시가 느끼는 소외가 그려지는 장면은 꽤 인상적이었어.

갈등의 징조들이 보이기 시작할 때, 미국 맨해튼에 사는 샤시의 조카가 결혼을 하게 되고, 조카의 결혼식을 돕기 위해 맨해튼에 혼자 도착한 샤시는 거리를 다니며 느끼게 되는 언어의 장벽 앞에 자존감이 바닥에 떨어지게 되는 사건을 겪어. 그 사건을 계기로 지나가는 버스에 붙어 있는 단기 영어 마스터 강좌 광고를 본 샤시는 영어 학원에 등록하게 되지.

영어를 배우기 시작하고 우여곡절 끝에 조카의 결혼식 날 영어로 자신을 소외시켰던 가족들 앞에서 떠듬떠듬이지만, 영어로 분명히 말하지. "가정은 언제나 서로를 사랑하고 존중하는 곳이어야 해."

영어를 배우는 데 도전하지 않았다면 인도로 돌아간 샤시는 그저 평온한 일상의 삶을 누리고 살 수 있었을 거야. 가족들의 배려 없는 행동에 조금 불편한 마음을 감내하면서 살아도 크게 문제가 되지 않았을 수 있어. 하지만 샤시는 현명한 사람이었어. 영어가 장벽인 것을 깨닫는 순간, 그녀는 두려움을 이기고 배움의 도전을 시작하지.

배움의 시작점은 어떤 한계의 벽을 만날 때인 것 같아. 무엇인가 꿈을 꾸는데, 어디서부터 시작해야 할지 모를 때, 그때가 배움의 시작점이지.

배움의 유익 – 현실감이 생김

배움은 내가 뭘 모르고, 뭘 알고 있는지를 비교적 정확하게, 그리고 냉정하게 알려줘. 살면서 나보다 별로 잘난 것도 없고, 열심히 하는 것 같지 않은 친구가 뭘 하든 잘되는 경우가 있을 거야. 친구의 잘됨이 나의 기쁨이면 좋겠는데, 많은 경우 친구의 성공은 나의 배 아픔인 경우가 많아. 그런데 뭔가를 배우다 보면 그 친구가 왜 잘되었는지 알게 돼.

내가 나의 경험과 센스를 믿고 무식하게 꿈을 향해 돌진을 시도하고 있을 때, 그 친구는 밤새 그 꿈을 공략하기 위해 공부를 하고, 전문 분야 스터디를 참여하면서 실력을 향상하고 있었다는 것을 알게 되면, 나와 그 친구의 차이가 뭔지 좀 뼈아프게 느낄 수 있지.

학창 시절, 시험 보기 전날, 같이 신나게 놀고 시험장을 나와서는 둘이 같이 이번 시험 망쳤다고 투덜대던 친구인데, 막상 시험 결과를 받아보면 나와는 다른 우수한 성적표를 받아드는 경우가 종종 있지. 이때 보통은 내가 운이 없었다고 생각하지만, 사실 친구가 좋은 결과를 보여준 데는 두 개의 경우가 있어.

하나는 시험 보기 전날 이미 공부를 다 끝내놓았든지, 아니면 신나게 놀고 집에 가서 밤새 공부를 한 거지.

인생에서는 어쩌다 한번 우연히 행운이 오기도 하지만, 그 우연이 두 번, 세 번 반복되는 경우는 거의 없어. 결국, 지속적인 성공에는 이유가 있는 거지. 배움은 바로 내 실패의 이유를 알려주는 역할을 해. 세밀하지 않게 봤을 때는 별 차이 없어 보이는 것들이 배움을 통해서 보면 '아, 거기서 차이가 나는 것이구나'를 알게 되는 거지.

커피 바리스타 자격증 공부를 한 적이 있었어. 커피 내리는 법을 배우고 나니까 왜 어떤 커피점은 텁텁한 맛이 나고, 어떤 커피점은 맑고 신선한 맛이 나는지를 알게 되더라고. 그 후 커피를 주문하면 점원이 커피 내리기 전에 포타필터 청소를 잘하는지를 유심히 보게 되더라고. 에스프레소 커피는 짧은 시간 고온, 고압으로 커피 성분을 추출해내는 과정을 거치는데, 한 번 커피 성분을 추출한 찌꺼기가 다시 고온, 고압의 수증기에 노출이 되면 텁텁한 맛이 섞여 나오게 되지. 그래서 같은 원두를 가지고 커피를 내려도 맛이 차이가 나게 되는 거야. 배움은 이런 섬세함을 알게 해주지.

레벨게이지 – 배움의 계단

세상사 많은 부분의 변화는 주어진 에너지(노력)와 일대일로 비례해서 일어나지 않아. 물이 끓는 것도 열을 준다고 해서 바로 증기가 올라오지는 않고, 냉동실에 넣은 물이 바로 얼음이 되지도 않지. 바로 임계값이 있는 거야. 물이 주변의 열에 의해 서서히 온도가 증가하고, 99도까지는 평온해 보이던 물이 100도가 되면 부글부글 끓기 시작하지. 배움의 결과도 그래. 일주일, 한 달 열심히 배운다고 해서 뭔가 바로 이루어지지는 않는 거야. 그리고 불행하게도 그 변화의 징조는 사람들의 저마다 다른 얼굴만큼이나 다양하게 일어난다는 거야. 하지만 분명한 것은 변화를 위한 노력이 멈추지 않는다면, 결국에는 변화에 도달한다는 거야. 마치 게임 캐릭터의 능력치 레벨을 채우듯이 묵묵히 배움을 계속해나가면 성장의 한 계단에 올라서는 것을 경험할 수 있는 것과 같지. 그리고 한 계단을 올라서면 한 단 아래에서는 결코 볼 수 없었던 새로운 배움의 목표가 눈앞에 떡하니 나타나게 되지.

배움의 세 가지 자세

첫 번째는 용기야. 배움은 너의 삶의 방향을 결정하는 일이야. 용기와 자신에 대한 신뢰가 필요해. 방향을 정하기에 앞서 현재 자신의 모습에 갇히지 말고 넓은 시야를 가져봐.

두 번째는 행동이야. 배움은 노 젓기야. 방향타가 갈 방향을 잡았다면, 노를 저어야 나아갈 수 있지. 주저하지 말고 힘차게 노를 젓는 거야.

마지막 세 번째는 기다림이야. 앞서 이야기했듯이 계단은 단숨에 올라서지지 않아. 충분한 발돋움이 될 때까지 인내하며 기다리기를 멈추지 말아야 해.

변화의 시작

배움이 없으면 변화도 없어. 배움이 없이 자연스럽게 일어나는 것은 변화가 아닌 퇴화, 노화지. 아무리 새롭고 신기한 것도 시간이 지나고 반복되면 시들해질 수밖에 없어. 이 퇴화, 노화를 긍정적인 변화로 바꿀 수 있는 묘약이 바로 배움이지.

배움이 없이는 변화가 없고, 배움은 변화의 시작이야. 지금 너의 모습에서 부족한 모습이나 싫은 모습이 있다면, 그 모습을 바꾸기 위한 배움을 시작해봐. 우선은 주변에 널려 있는 정보들을 먼저 살펴보고, 네가 처한 시간과 환경과 재정 여건에 도전 가능한 방법을 먼저 찾는 거지. 그리고 가능하면 정해진 시간과 적정한 비용을 투자할 것을 추천해.

워낙 좋은 정보와 재능 있는 강사들이 많은 세상이기에 절대적인 기준이라고 말할 수는 없지만, 내 경험상 오프라인 스터디가 온라인 스터디보다는 효율적이라고 생각해.

> **배움의 방법에 대한 제안**
> 시작은 가볍게 온라인으로 하더라도 꼭 그 분야에서 공신력 있는 오프라인 강좌에 대가를 치르고 참여해보자.

마음을 다하며 지혜를 써서

하늘 아래에서 행하는 모든 일을 연구하며 **살핀즉**

이는 괴로운 것이니 하나님이 인생들에게 주사 수고하게 하신 것이라

전도서 1장 13절

중독

좋은 중독은 없다

내 마음을 나도 몰라 – 단절

중독의 사전적 의미는 '어떤 사상이나 사물에 젖어버려 정상적으로 사물을 판단할 수 없는 상태'로 정의돼. 조금 더 체감되는 표현으로 정의한다면, '자신의 통제권을 그 무엇인가에게 넘겨준 상태'를 말하는 것이지. 내가 지금 해야 할 일이 무엇인지를 모르는 것, 내가 지금 해야 할 일이 뭔지를 알지만, 그것을 위해 나를 통제할 수 없는 것이 중독된 상태의 내 모습이야.

알코올 중독이나 약물 중독 같은 것들은 심각한 외형적 변화가 일어나기에 스스로 또는, 주변에서 중독에 이르는 과정을 눈치챌 수 있어. 그리고 본인의 인식과 주변의 애정이 있다면 도움의 손길을 구할 가능성이 있지. 하지만 더 무서운 것은 중독인지를 인식할 수 없는 것들에 대한 중독이야.

중독으로 의한 가장 큰 폐해는 세상으로부터의 단절이지. 알코올 중독에 빠진 사람은 온전한 사회 생활이 불가능해. 게임 중독에 빠진 사람은 건전한 현실 생활을 영위할 수 없고, 사랑 중독에 빠진 사람은 끝없이 사랑을 갈구하지만 서로 교감하는 사랑을 누릴 수 없어. 분명 나인데 나일 수 없는 상태. 이런 상황을 우리는 중독이라고 하는 거야.

징조 – 최고의 행복 vs 최후의 행복

중독은 대부분 갑자기 오지 않고 매우 서서히 우리에게 다가오지. 마치 개구리가 미지근한 물에서 천천히 물의 온도가 올라가도 튀어나오지 않고 끓는 물에 삶아지는 것처럼, 처음에는 내가 즐기는 듯한 것들에 어느 틈엔가 내가 사로잡혀 나 스스로 그 덫을 피하지 못하는 것이 중독이야. 정선 카지노에 가면 자동차, 집문서를 전문으로 저당 잡는 사람들이 있다고 해. 처음에는 재미로 한두 번, 그리고 몇 번의 성공에 취하거나, 의도하지 않은 큰 손실을 받아들이지 못해서 "한 번 데!", "한 번 데!"를 외치다가 타고 간 차를 저당 잡히고, 집문서를 저당 잡혀 패가망신하는 사람들이 생기는 거야.

중독에 빠지는 데는 두 가지 심리가 있어. 하나는 자신이 무엇을 하고 있는지 잊고 싶은 현실 부인이고, 다른 하나는 자신이 가장 행복한 순간을 찾는 쾌락 추구지.

인생이 고난의 순간을 만났을 때, 현실적으로 아무것도 할 수 없다고 느낄 때 오로지 할 수 있는 일이 이것밖에 없다고 생각하는 데 기인한 알코올 중독, 게으름 중독, 도박 중독 등은 현실 부인에 기인한 중독으로 볼 수 있어.

또 다른 경우는 가장 행복한 순간을 추구하는 것으로, 게임 중독, SNS 중독, 맛집 중독 등으로, 쾌락 중독이라고 할 수 있어.

좋은 중독은 없다

좋은 중독이 있을까? 운동, 일, 선행, 봉사 등 우리가 좋게 생각하는 것들도 중독의 대상이 될 수 있는 것일까? 나는 그렇다고 생각해. 예를 들면, 운동 중독, 관계 중독, 일 중독 등을 생각해볼 수 있지. 누구나가 좋다고 생각하는 행동들을 어떻게 중독에 포함하느냐고 반론을 제기할 수도 있겠지만, 중독의 사전적 의미대로 내가 주도권을 잃은 것이 중독이라고 한다면, 운동을 위해 중요한 일들을 소홀히 하게 되면 이것도 중독이 될 수 있지.

최근 아빠(가장)들이 은퇴 후 가족으로부터 소외되는 현상이 사회 문제로 이슈가 되고 있어. 젊은 시절, 아이들의 성장기에 일 중독(일에 대한 주도권을 놓쳐서 삶이 아닌 일에 매여 사는 현상)에 빠져 오로지 일만 생각하고 사는 동안 자녀들은 성장하고 어느새 자녀와의 정서적 공감대를 전혀 만들지 못한 채 은퇴한 중년이 되는 거야. 일만 생각하다 가족과 단절된 관계만 남는 인생이라면 일에 중독된 삶이라고 생각해.

목회하시는 분들이 생각하기에 이런 주장이 좀 불손하게 느껴질지 모르지만, 나는 어떤 경우 '예배 중독', '기도 중독'도 극복해야 할 중독의 대상일 수도 있다고 생각해. 코로나19로 인해 전 세계가 혼란에 빠진 2020년, 그리고 사이비 종교단체와 일부 교회를 통해 그 코로나 감염증 확산이 증폭되는 것을 경험한 현 시점에서 '예배 중독'의 문제가 표면화되고 있음을 확인할 수 있지.

가정 공동체와 사회 공동체 안에서 다양한 예배는 모두 무시하고, 오직 교회 안에서의 예배만을 최우선으로 외치는 경우를 종종 보게 돼. 예배를 통해서 개인적인 평안과 위안을 얻게 되기는 하지만, 그 사람의 주변 가족이나 동료들은 어떤 경우 곤경에 빠지거나 상처를 받는 예도 있게 되지. '선한 사마리아 사람 이야기'에 나온 강도 만난 사람을 지나쳐가는 제사장과 레위인의 경우는 율법에 중독된 경우라고 할 수 있지. 과도한 운동과 취미 생활로 인해 부부 간의 갈등을 겪는 경우도 주변에서 많이 보게 되는 일이고.

가벼운 중독의 경우, 갈등의 과정을 통해 자기 조절 능력을 회복하는 때도 있지만, 시기를 놓치면 걷잡을 수 없는 갈등의 구도로 빠지기도 하지. 중독이라는 현상 자체가 자신의 통제력을 잃는 것이기에 통제력을 상실하는 모든 중독은 선하지 못한 것이라고 생각해. 그래서 '좋은 중독은 없다'라고 단언할 수 있어.

세상 속으로

인간은 사회적인 존재이기에 언제나 사회와 소통하며 사는 삶을 살아야 해. 중독은 '그 사회적 존재가 사회성을 상실하게 되는 상태'라고 정의하고 싶어. 중요한 모임 장소에서 스마트폰에 자꾸 손이 가는 것, 가족과의 소중한 시간을 취미 생활로 인해 놓쳐버리는 것, 자기 계발의 중요한 타이밍을 게임에 빠져 흘려보내는 것, 소중한 재정을 일확천금을 노리는 노름에 탕진하는 것, 하나밖에 없는 소중한 몸을 알코올이나 약물에 취해 망치는 것, 사회적 정화 역할을 해야 할 종교가 과다한 종교적 행위로 인해 그 역할을 망각하는 것, 서로 나누어야 할 사랑을 독점하려는 집착으로 인해 상처를 만들어가는 것. 이런 모든 것이 중독의 한 부류라고 생각해. 중독은 어느 순간 갑자기 오는 것이 아닌, 서서히 다가오는 것임을 잊지 말아야 해.

> **중독에 빠지지 않는 삶을 위한 제안**
> 어느 순간 스스로 자제할 수 없다면, 그 상황을 극복하기 위해 용기를 내서 도움을 청할 것. 사회적으로는 긍정적인 것으로 여겨지는 것이라도 내가 통제할 수 없는 그 모든 것은 그대로 방치하면 결국에는 돌이킬 수 없는 파국으로 치닫게 된다는 것을 기억하자.

술 취하지 말라 이는 방탕한 것이니

오직 **성령**으로 충만함을 받으라

에베소서 5장 18절

고난

인생의 함정을 만날 때

함정을 만나다

지금까지의 인생에서 기억에 남는 고통의 시간은 언제였어?

어쩌면 이런 질문 자체가 불쾌할 수도 있겠네. 행복했던 시간을 떠올리면, 가슴 저 안에서 아지랑이 같은 아련함이 차오르지. 그래서 그 시간을 오랫동안 간직하고 싶고, 때때로 떠올리기도 하는 거야. 하지만 누구도 고난과 고통의 시간을 떠올리는 건 좋아하지 않지. 만약 그런 것을 즐긴다면 자학적 성향이 있는 환자일 거야. 그런데 왜 느닷없이 고통의 시간을 언급하는 걸까.

우리는 누구도 고난을 원하지 않지만, 고난은 우리 곁을 떠나는 법이 없어. 아무 걱정 없이 사는 것으로 보이는 이웃들의 속내를 조금만 들여다보면, 그 속에도 근심과 걱정이 있고, 어떤 경우는 그 고통의 정

도가 생각했던 것보다 커서 간신히 자신을 지탱하며 사는 것을 발견하
곤 하지.

내가 부자인지, 가난뱅이인지를 구분하는 절대 기준이 있을 수 없
는 것처럼, 고난의 크기도 절대적인 기준으로 판단할 수 없어. 어떤 사
람에게는 아무것도 아니거나 그까짓게 무슨 고민일까 생각되는 것이
또 다른 누군가에게는 견딜 수 없는 일이 되어 죽음까지도 생각하게
되는 경우가 있지. 죽을 각오면 뭔들 못하겠느냐고 말하지만, 어떤 사
람들은 그 무엇을 하지 못해 죽음을 택하기도 하는 것을 보면 고난의
크기는 그 상황에 부딪혀본 사람이 아니라면, 그 누구도 함부로 말할
수 없는 거야.

나는 어른이 되어가면서 정말 어이없는 세 명의 죽음을 봤어. 대통
령을 지낸 노무현, 한국 진보정치의 산증인이자 아이콘 노회찬, 그리고
바로 얼마 전 서울시장 박원순의 자살 사건. 도대체 그들이 처한 상황
이 어떤 것인지, 어떤 고난이 그들이 삶을 포기하는 상황에까지 이르게
한 것인지 알 수 없듯이, 우리가 인생에서 만나는 함정의 크기와 깊이
는 그 누구도 가늠할 수 없는 것이지.

고난을 다루는 자세

필연적으로 직면할 수밖에 없는 고난을 어떻게 대처해야 인생 여정
을 잘 이어갈 수 있을까?

고난을 만날 때 어떻게 반응하는지는 매우 중요해. 누구나 고난을 만나지만, 고난이 지난 뒤의 모습은 그 고난을 대처하는 자세에 따라 아주 다르게 나타나게 돼.

징조를 놓치지 말자

세상에 많은 일은 아주 갑자기 나타나는 것으로 보이지만, 사실은 사전에 사소한 징조가 발생하지. 1930년대 보험회사 직원이었던 하인리히(Heinrich)는 보험사고의 사례를 조사하다 큰 사고가 나기 전에 사전 징조가 나타나는 현상을 발견하고 '1대 29대 300의 하인리히 법칙'을 발표했어. 한 사람의 중상자가 발생하기 전 29명의 경상자가 발생하고, 그전에 300명이 위험 요인에 노출된다는 법칙이야. 이처럼 사고에는 사전 징조가 있고 이를 대비하면 한 명의 사고를 막을 수 있다는 거야. 이 법칙은 사고의 경우뿐만 아니라 고난의 경우에도 해당되는 것 같아.

사람은 지진의 징후를 감지하지 못하지만, 예민한 짐승들은 지진의 징조를 감지하기도 해. 현대 과학 기술은 거기서 힌트를 얻어 지각의 움직임을 모니터링하면서 지진의 발생을 예측할 수 있게 되었지. 100% 맞는 것도 아니고, 예측한다고 해서 피할 수 있는 것도 아닌 경우가 많지만, 그래도 그 상황을 미리 알 수 있다는 것은 정말 중요해. 단 1분 후라도 삶을 예측할 수 있다면 우리는 참 많은 불행에서 벗어날 수 있을 거야.

인생에서 일어나는 많은 고난, 불행이 사실은 어느 정도 예측 가능하다는 사실을 우리는 잊고 있어. 예를 들면, 우리가 몸에 좋지 않은 음식을 계속 먹으면 결국 병에 걸릴 확률이 높아지게 되는 것과 같지. 음식뿐만 아니라 우리가 가진 작은 습관들은 우리 삶의 결과를 좌우하게 돼. 방향지시등을 켜지 않는 운전 습관은 사고가 일어날 확률을 높게 하고, 게으름의 습관은 사회에서 뒤처지는 결과를 가져오고, 낭비하는 습관은 경제적 어려움을, 자책하는 습관은 사회생활에서 도태되는 방향으로 우리 삶을 이끌어가는 거야. 그리고 우리가 만나는 고난 중 많은 것은 이런 습관의 누적으로 인해 발생하곤 해. 그래서 고난도 어느 정도는 대비할 수 있다고 생각해.

문제 다루기

'고난을 만났을 때 어떤 반응을 보이는가'는 고난을 예비하는 것보다 더 중요해. 어떤 일들은 우리가 아무리 조심하고 대비해도 피해갈 수 없는 경우가 있거든. 그래서 일단 '어려움에 직면하면 어떤 자세를 취할 것인가'를 평상시에 체질화해둘 것을 제안하고 싶어.

내가 만나본 사람들이 어려움에 반응하는 방법은 세 가지 유형으로 나누어볼 수 있었어.

정면돌파형

이 유형의 사람들은 문제를 만나면 더 강해지는 사람들이야. 문제를 분석하고, 직면한 문제를 뛰어넘기 위해 자신의 역량을 집중하지.

그리고 가장 넘기 쉬운 포인트가 어디인지를 찾고 그곳을 향해 돌진해서 넘어서는 거야. 재정적인 문제가 고난의 원인이라면, 주변의 도움을 찾기 위해 끈질기게 탐구해. 그런 사람을 옆에서 보고 있으면 뭐라도 도와주고 싶은 마음이 들게 되지. 그래서 귀인이 나타나서 그 문제가 해결되기도 해. 하지만 그런 자세를 갖기 위해서는 작은 성공의 습관들이 필요해. 아주 작은 문제들을 만날 때 정면돌파하는 습관을 들이고 성공의 사례를 쌓아가다 보면 어느새 문제를 회피하지 않고 해결해가는 자세가 체질화되는 거야. 한국 경제 속 거물들의 성공 일화를 접하다 보면 문제를 정면돌파하는 것의 유익을 절감하게 되지.

우회로 확보형

어떤 사람들은 어려움을 직접 대면하지 않고 옆길로 돌아가기를 즐기곤 해. 큰 산이 앞을 가로막으면 그 산을 넘기보다 좀 돌아가더라도 산기슭을 돌아가는 것이지. 이 방법은 정주영처럼 뛰어나지 않은 평범한 우리가 취할 수 있는 나쁘지 않은 방법이야. 하지만 이 방법을 선택할 때, 우리는 인내와 꾸준함을 각오해야 해. 2~3시간에 넘어갈 수 있는 산길을 종일 걸어서 돌아가야 할 수도 있고, 기대와는 다르게 길을 잘못 들어 헛수고하는 때도 있거든. 그래도 포기하지 않고 꾸준히 가다 보면 어느새 태산 같은 고난이 저 뒤로 물러가 있는 날이 오게 될 거야.

무시 일관형

어떤 사람은 문제를 인정하지 않고 문제가 없다고 생각하기도 해.

너무 어려운 현실을 극복할 용기가 차마 없어 그냥 문제가 없다고 생각하며 사는 거지. 충분히 이해가 가는 상황이지만 이런 자세로는 문제를 해결할 수 없을 뿐만 아니라 작은 문제를 크게 키우게 돼. 그래서 '호미로 막을 것을 가래로 막는다'라는 속담이 현실화되는 거지. 조금 더 일찍 문제를 직시하고, 오픈하고 도움을 청하는 게 나은 거야. 혹시라도 주변에 이런 무기력에 빠져서 속수무책인 이웃이 있다면, 그들이 기댈 언덕이 되어주어야 해. 그래야 우리 사회가 조금은 더 살 만한 곳이 되거든.

고난의 흔적 – 인정하기

고난을 겪고 나면 긍정적이든, 부정적이든 너의 삶에 생채기가 생기게 돼. 때로는 그 상처가 부끄러울 수도 있고, 때로는 인생 훈장처럼 자랑스러울 수도 있지. 어떤 경우든 그 경험은 너의 삶의 일부인 거야. 억지로 지우려 하지 말고 과장되게 키우려 하지 말아야 해. 그것 자체가 너를 만들어가는 거야.

네가 그 고난을 통해 성장했다면 주변에서는 너의 경험을 통해 고난을 극복하는 법을 한 가지 더 배우고, 굳이 네가 자랑을 하고 다니지 않아도 너를 존경할 거야. 반대로 실패한 경험이라도 그대로 인정해야 다른 고난을 만났을 때, 싸워볼 생각을 하게 돼. 실패를 감추고 숨기면 너는 다시는 고난에 맞서 싸울 힘을 낼 수 없을지도 몰라.

고난을 만났을 때 잊지 말아야 할 것에 대한 제안

하나, 고난에 정면으로 맞설 것.

둘, 너무 높은 산이 만나면 우회하되 끈기를 갖고 멈추지 말 것.

셋, 회피하지 말고, 그런 이웃을 만나거든 손을 내밀어 건져 줄 것.

그리고 그 고난의 경험을 딛고 일어서 그 시간이 너의 삶이 일부인 것을 잊지마!

우리에게 여러 가지 심한 **고난** 을 보이신 주께서

우리를 다시 살리시며

땅 깊은 곳에서 다시 이끌어 올리시리이다

시편 71편 20절

믿음

소망의 현실화

믿음, 그리고 신앙 생활의 시작점

너의 신앙 생활이 어떻게 시작되었는지 한번 생각해본 적이 있어? 어떤 친구는 태어나 보니 신앙의 가정이었고, 말을 배우기도 전에 유아 세례라는 의식을 통해 기독교인이 되었겠지? 또 어떤 친구는 어린 시절 친구를 따라서, 친척이나 주변의 누군가를 따라서 교회에 첫발을 들여놓았고, 시간이 지나 지금 이 자리에 와 있을 거야. 이쯤에서 한번 생각해봐. '신앙 생활 = 믿음'이라고 생각할 수 있을까?

인생에서 믿음은 방향이고, 신앙 생활은 그 행동 양식이야. "열심히 헤엄치는 것으로는 바다에 이를 수 없다. 바다까지 나아가기 위해서는 어항을 벗어나야 한다"라고 말한 누군가의 글이 생각나네.

너의 신앙 생활을 생각할 때 심각하게 고민해야 할 것이 있어. 최선을 다해 열심히 사는 것도 중요하지만, 방향을 찾는 것이 우선되어야 해.

도마의 질문

예수가 부활 후 제자들에게 손과 옆구리를 보여주며 부활의 사실을 알려주셨을 때, 제자들은 저항 없이 다시 살아난 예수를 받아들였지. 하지만 도마만은 그 사실이 믿어지지 않았기에 하나의 제안을 하게 돼.

"내가 그의 손의 못 자국을 보며, 내 손가락을 그 못 자국에 넣으며,
내 손을 그 옆구리에 넣어보지 않고는 믿지 않겠다."

진리는 나의 인정 여부와는 상관없이 진리 그 자체지. 설교를 통해 이런 예화를 접해본 적이 있을 거야. "햇빛을 손으로 가려도 여전히 태양은 떠 있다. 그러니 우선 믿어라. 믿음은 하나님께 속한 것이다. 너에게 믿음을 주는 분도 하나님이시다."

이 조언이 사실인 건 맞지만, 초등학생 시절 교회에 첫발을 딛고, 이후 45년 신앙 생활을 하면서 느낀 것은 도마의 솔직한 제안은 믿음을 확증하는 데 매우 중요하다는 거야.

남들의 소문을 듣고 생긴 믿음은 계속 흔들리게 되는 경우가 많아. '그게 정말일까?', '그 사람을 믿을 수 있을까?' 하지만 스스로 확인한 사실 앞에 우리의 생각은 상당한 견고함을 유지할 수 있지.

믿음이란 무엇인가?

CCC전도 전략의 핵심에 '사영리'가 있어. 하나님과 사람 사이의 네 가지 영적 원리를 가지고 믿음을 설명하고 있지. 그 내용을 요약한 하나의 그림을 소개해볼게.

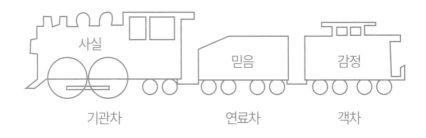

기관차   연료차   객차

이 그림에서 믿음은 기관차가 움직이기 위한 연료를 공급하는 역할을 해. 석탄을 연료로 움직이는 기차를 본 적이 없는 너희들에게는 좀 낯선 그림일지도 모르겠네. 기차가 처음 발명된 당시에 증기기관차는 석탄을 태워서 발생한 수증기로 터빈을 돌려서 동력을 얻었어. 석탄이 없이는 이런 기차를 움직일 수 없었지. 지금으로 표현하면 배터리 같은 거야. 배터리가 없어도 핸드폰은 여전히 존재하지만, 핸드폰이 그 역할을 하려면 배터리가 있어야 하는 것처럼, 신앙의 삶을 끌고 가는 원동력이 믿음이야. 그래서 이 믿음을 완전히 충전할수록 우리의 삶은 견고해질 수 있어. 분주한 아침에 핸드폰을 챙기면서 배터리 잔량을 눈으로 확인하듯이, 너의 믿음의 근거를 확증하는 단계를 소홀히 하지 않아야 너의 믿음이 견고해질 수 있지.

흔들리지 않는 믿음을 위한 제안

너의 신앙 고백을 가져봐. 너의 신앙 고백을 너의 목소리로 해볼 것. 도마와 같은 확증의 시간을 가져볼 것. 이런 단계를 거치는 것은 큰 유익이 있어. 우리가 인생에서 고난이라는 터널을 만났을 때, 터널의 긴 어둠을 견디고 벗어날 용기와 인내가 바로 자신의 신앙 고백을 바탕으로 생기기 때문이야.

믿음은 바라는 것들의 실상이요

보이지 않는 것들의 증거니

히브리서 11장 1절

2장 ──── '짝'을 대하는 자세

남자가 부모를 떠나 그의 아내와 합하여

둘이 **한 몸**을 이룰지로다

창세기 2장 24절

연애

짝을 찾아 떠나는 탐험

내 짝은 어디에 있나요?

나는 뭔가를 새롭게 배우게 될 때, 몸으로 시작하기보다는 이론부
터 먼저 시작하는 경향이 있어. 언제가 사촌 형이 내 책꽂이 책들을 유
심히 보더니 그러는 거야. "야, 너는 정체가 뭐냐?" 형의 말을 듣고 내
책꽂이를 보니, 낚시 입문, 바둑 입문, 볼링 입문, 골프 입문 등 온갖 취
미 생활 입문서부터 SQL, 파이썬, JAVA 등 프로그래밍 입문서, 프리미
어, 포토샵 등 미디어 관련 입문서, 서양 음악사, 미술사까지 온갖 분야
의 입문서들이 섞여 있었으니 그런 말을 할 만도 하지. 아마 몇몇 친구
중에는 나와 비슷한 유형의 인물들이 있을 거라고 생각해. 이런 유형의
특징은 뭐 하나 제대로 하는 게 없다는 거야. 두루두루 아는 건 많아서
참견은 잘하는데, 실제로는 뭐 하나 제대로 잘하는 게 없지.

내 기억에 의하면 사랑의 출발도 책을 통해서였던 것 같아. 대학 시절, 책 좀 본다는 아이들의 필독서였던 에리히 프롬(Erich fromm)의 《사랑의 기술(The Art of Loving)》이 내 사랑의 시작점이야. 그 책의 도입부에 "이처럼 자기 자신의 교환 가치의 한계를 고려하면서 서로 시장에서 살 수 있는 최상의 대상을 찾아냈다고 느낄 때만 사랑에 빠질 수 있다"라는 이야기가 나와. 스스로 책정한 자기 가치를 가지고 살 수 있을 만한 (이건 좀 너무 세속적인 표현이니까), 좀 흥정을 시도해볼 만한 상대를 찾는 과정이 사랑의 탐색 과정이라고 이야기하고 있는 거야. 이 책을 읽은 게 스무 살 즈음이니까 이후 나의 연애사는 내 값어치에 맞는 상대를 찾는 여정이 되었어. 사랑을 찾는 과정도 너의 자존감과 아주 큰 관계가 있다는 거야.

세상의 반은 남자, 세상의 반은 여자

왜 내 짝은 없을까? 교회 청년들을 상대로 연애 특강을 준비하면서 사전 질문을 받아봤어. 이런저런 흥미로운 질문들이 있었는데, 그중에 반복되는 질문이 하나 있었지.

"젊은 크리스천 형제를 만날 수 있는 좋은 통로가 있을까요? 교회 안에서 찾으라는 답변은 미리 정중히 사양합니다. 실질적인 조언 부탁드립니다!"

"하나님께서 주신 배우자인지 어떻게 알 수 있나요? 그리고 어떻게 인도해주시나요?"

"저는 만나는 사람마다 결혼에 대한 확신이 없었는데요. 아직 하나님이 정해두신 짝을 못 만났기 때문일까요? 하나님이 정해두신 짝이 있긴 할까요? 아니면 제가 선택하는 걸까요?"

"결혼에 대한 확신은 어떻게 확인하나요?"

상대를 찾기가 쉽지 않다는 고민을 토로한 것이겠지. 여기에는 세 가지 질문이 섞여 있다고 생각해. 첫째, 상대가 운명의 내 짝(어른들이 말하는 천생연분, 배필)인지 어떻게 하면 알 수 있을까. 둘째, 하나님의 뜻(크리스천이라면 벗어나기 쉽지 않은 굴레)인지 어떻게 알 수 있을까. 셋째, 쓸 만한 남자(아무래도 교회 공동체의 성비가 여초 현상을 보이는 결과이겠지만)가 있는가.

이 질문들에 대해 진솔한 고민을 나누어보고 싶어.

사랑이란? – 운명을 만들어보자

천생연분, 운명적인 사랑이란 무엇일까? 미팅이나 소개팅 자리에서, 아니면 길을 가다가 우연히 눈이 번쩍 뜨이고, 귓가에 종소리가 울리는 이성을 만나 사랑에 빠진다. 영화나 드라마에 많이 나오는 설정이지. 이런 행운이 없다고 말하지는 못하겠네. 많은 문학 작품에서 이야기하고, 또 많은 사람이 공감한다는 건 살면서 한두 번 그런 경험이 있기 때문 아닐까? 하지만 모든 사람들이 그런 행운을 얻는 건 아니라고 생각해. "필(Feel)이 없어"라는 말은 좀 더 솔직히 표현하면, 성적 매력이 느껴지지 않는다는 거지. '한눈에 반하는 운명적 만남 = 섹스어필'의 관계가 있다는 거야. 그런데 이 섹스어필이라는 감정의 유효 기간이 길지 않다는 건 이미 여러 연구 결과에서 언급되었어. 하지만 이 운명적 만남이라는 확신은 사랑의 관계를 유지하는 데 큰 역할을 하게 돼. 연애도 삶이기에 살아가다 보면 크고 작은 위기, 갈등의 시간을 겪게 되거든. 그때 이 운명이라는 믿음은 큰 힘을 발휘하지. 어려움이 와도 운명적 만남이라는 믿음이 있으면, 같이 극복해야 한다는 마음을 먼저 가지게 되지. 하지만 확신이 없는 연애에서 위기가 찾아오면 현재의 관계를 쉽게 포기하거나, 관계를 청산할 핑곗거리로 운명을 찾게 되는 거야. 크리스천이 아닌 사람들이 사주와 점을 보는 이유도 다르지 않아.

네가 한눈에 불꽃이 튀는 운명적 만남의 행운을 얻지 못했다면, 그리고 상대방이 계속 주저하고 있다면, 우연을 가장한 의도된 이벤트를 한번 만들어보는 것도 좋아. 상대방이 자주 가는 곳에 얼쩡거리다 우연히 만나는 거지. 상대방이 좋아하는 것을 열심히 공부해서 우연한 공감대를 만들기도 하면서 하나하나 쌓아가다 보면 서로 닮아가는 모습을 찾게 되고, 그게 하나의 운명이 되지 않을까? 기대하지 않았던 성적 매력도 발견하게 되는 행운이 오기도 하지.

하나님이 준비한 짝인가요?

크리스천들이 빠지는 커다란 딜레마가 하나 있지. 그것은 하나님의 예정에 대한 혼란이야. '하나님은 나의 구원을 이미 계획하고 계셔서 나로 하여금 예수를 믿고 구원받게 하셨다.' 이 대전제에 대한 오해로 인해 삶에서 너무나 많은 혼란에 빠지게 되지. 내가 어린 시절에는 일요일에 공무원 시험을 보면 주일을 지키지 못하는 것이라는 정서가 팽배했고, 그래서 공무원 시험 준비를 하는 청년들에게 "주일(일요일)에 시험을 보러 가지 않아도 하나님께서 형제의 길을 더 선한 길로 인도하실 겁니다"라는 조언을 하는 사람들이 적지 않았어. 크리스천이 어떻게, 무슨 일을 하고 살지 하나님은 이미 다 준비해놓고 있으니 그저 기다리면 된다는 생각이지. 그런데 실제 삶은 그렇지 않으니까 자꾸 교리적으로 억지스러운 변론이 필요해지곤 해.

"내 짝이 하나님이 준비하신 배우자인지 어떻게 알 수 있어요?"라는 질문에도 예정론에 대한 혼돈이 묻어 있다고 생각해. 하나님의 예정은 하나님을 떠난 인류와 나의 생명 구원을 말하는 거야. 인류가 하나님께로 돌아갈 수 있는 길을 열어놓은 거지. 내가 오늘 학교에 갈 건지, 영화를 볼 건지, 지금 밥을 먹을 건지, 커피를 마실 건지를 예정했다는 게 아니거든.

하나님은 시간과 공간을 초월한 분이시니까 내가 살아가는 시간의 타임 테이블 안에 하나님을 가둘 수 없는 거야. 또 나도 내 타임 테이블을 조절할 의무를 회피하고 하나님이 짚어주기를 기다리고 있다고 해서 삶이 저절로 살아지는 것도 아니거든.

하나님은 아담에게 하나님의 성품, 즉 판단하고 결정할 수 있는 자유의지를 주셨지. 그 자유의지가 하나님의 뜻을 벗어나지 않도록 생각하고 판단하는 게 하나님의 뜻에 따라 사는 거야.

사설이 좀 길었지만, "하나님이 준비하신 배우자인지 어떻게 알 수 있나요?" 이 질문에 "너의 자존감을 가지고 너에게 걸맞은 짝인지를 스스로 판단해"라고 말해주고 싶어.

쓸 만한 남자? 나는 쓸 만한 여자?

에리히 프롬의 글로 다시 돌아가볼까?

"이처럼 자기 자신의 교환 가치의 한계를 고려하면서 서로 시장에서 살 수 있는 최상의 대상을 찾아냈다고 느낄 때만 사랑에 빠질 수 있다." 에리히 프롬의 저술 의도와 다르게 《The Art of Loving》의 'ART'를 한국에서는 '기술'이라고 번역해서 에리히의 의도를 테크닉 정도의 낮은 수준으로 내려놨어. 에릭은 사랑이라는 게 자연과 같이 존재 자체로 완성되는 아름다움이 아니라, 서로의 상호 작용으로 정성껏 빚어가야 할 예술이라고 말하고 싶었던 거야.

교회 안에, 크리스천 중에 쓸 만한 남자가 없다고 생각하는 것만큼, 나는 쓸 만한 여자가 되고 있는지 반문해볼 필요가 있어. 내가 마음속에 그리는 이상형을 그려봐. 그리고 나는 그 이상형을 향해 계속 자라가고 있는지, 혹시 이중의 잣대로 상대를 보고 있지는 않은지 살펴야 해.

나는 하나의 인격체로 존중받는 사랑을 꿈꾸면서, 상대방은 나의 사랑 욕구를 채워줄 흑기사로 생각한다든지, 나는 왕같이 군림하는 존재가 되는 꿈을 꾸면서 상대방에게는 나를 보좌하는 절대적 헌신을 기대한다든지 하는 이중의 잣대를 가지고 있다면, 그 출발부터가 삐걱거림을 잠재하고 있는 만남이 되는 거지.

탐험을 멈추지 말자

구두를 하나 사기 위해서도 온종일 쇼핑을 하고, 노트북을 하나 사기 위해 며칠을 인터넷 검색하고, 여행 한 번 가기 위해 1년을 준비하는데, 평생을 같이할 동반자를 찾는 데 하늘에서 감 떨어지기를 기다리는 것은 안 되겠지?

가까운 곳을 탐색하고, 새로운 장소를 찾고, 리뷰를 읽어보듯이 상대방의 삶의 결과물(그의 주변 사람, 일의 결과, 문제를 대하는 자세 등등)을 살펴보고, 가능하다면 만남의 영역을 넓혀가면서 짝 찾기의 모험을 멈추지 말아야 해.

짝을 찾는 여정에 대한 제안
열심히 발품을 팔 것. 발품을 판 만큼 아이템 획득의 찬스는 많아진다는 것을 기억할 것.

사람이 혼자 사는 것이 좋지 아니하니

내가 그를 위하여 **돕는 배필을** 지으리라

창세기 2장 18절

오해

신앙이 없는 사람과
사귀면 안 되나요?

멍에

언젠가 한 선배가 이런 하소연을 하더군. "교회는 죄인 양성소야! 멀쩡한 사람을 모두 죄인으로 만들고, 죄책감에 가두어놓거든." 이 말은 사실이야. 기독교의 본질은 '모든 사람이 죄를 범한 것'이니까. 하지만 그 선배가 하고 싶었던 이야기는 인간의 본질적인 죄성을 부인하고 싶었던 것은 아니라고 생각해. 교회 생활을 하면서, 차를 운전하다 문득 교통경찰의 제지를 받은 초보 운전자의 알 수 없는 불안감을 느낀다는 것이지. 아무 잘못 없이 교차로를 지났지만 나를 막아선 교통경찰 앞에서 '내가 신호를 놓쳤나?', '차선을 잘 못 봤나?', '과속을 했나?' 등등 이런저런 위반의 가능성 생각하게 되고, 심지어는 아무 잘못도 없었다는 확신이 있음에도, 왜 제지를 받았는지 모르기에 불안해지는 마음인 거야.

"주변에 기독교인이 없어요." 이 말속에서 연애사 여정에서 길을 막아선 성경의 율법 앞에 잔뜩 주눅 들어 있는 너의 모습이 떠오르네. 아마도 '믿지 않는 자와 멍에를 함께 메지 말라'는 성경 구절을 떠올리며 주저하는 마음으로 물었을 거야.

그런데 이 성경을 우리가 제대로 이해하고 있는 걸까? 바울이 고린도교회에 이 말을 했을 당시 상황을 잠깐 생각해보면, 이 성경 구절을 지금 시대에 그대로 적용하는 것에 무리가 있음을 알게 돼. 고린도교회가 위치한 곳은 지금의 터키와 이탈리아 사이에 있던 매우 번창한 도시였고, 아프로디테를 숭배하는 문화적 배경이 있었지. 다산을 숭배해서 신전의 여성 사제들과의 문란한 성행위를 종교적 절차로 받아들이는 문화 속에 있었어. 기본적으로 유대교가 가지고 있던 결혼 제도하에서의 절제된 성 의식이 존재하지 않았지. 예수 가르침의 중심 사상인 창조와 구원을 관통하는 인간 사랑을 추구한 당시 기독교인들에게는 도무지 받아들일 수 없는 문화였던 거야.

하지만 이방 지역인 고린도의 교인들 입장은 조금 복잡했어. 자신들이 살아왔던 여신 숭배의 문화를 벗어나 기독교의 가치를 따르게 된 상황에서 이전 문화와의 단절은 쉽지 않았고, 실제적인 혼란에 빠진 고린도교인들도 상당수 있었을 거야. 그래서 바울은 편지에 "믿지 않는 자와 멍에를 함께 메지 말라"를 언급한 거야.

이 시대의 멍에

그러면 지금 네가 사는 한국의 상황은 어떨까? 지금 한국사회의 문화 상황에서 기독교 본연의 가치와 가장 큰 대치 상황은 무엇일지 생각해볼 필요가 있어.

우선 '물질주의'가 있겠지. 기독교의 가치는 재물에 대해서 '청지기', 즉 '맡은 자'라는 입장이야. 남의 것을 잠시 맡은 사람에게는 그것이 많고 적음은 그다지 중요하지 않아. 우리가 호텔이나 펜션을 사용할 때 그곳을 열심히 치장하지는 않잖아. 묵었다 가는 동안 최대한 편안히, 잘 활용하는 게 중요한 거지. 한국 사회는 돈을 최우선 가치로 생각하는 사람이 상당히 많아. 이런 사람과의 교제는 좀 생각해볼 필요가 있어. 너에게 주어진 물질을 하나님의 뜻대로 쓰는 데 큰 걸림돌이 될 테니까.

다음으로 '쾌락주의'가 있겠지. 크리스천의 입장은 "우리는 모두 소중하게 창조된 사람이다"야. 그래서 서로에게 상처를 주기보다 치유를 받을 수 있도록 안아주는 것이지. 하지만 한국 사회에는 나의 즐거움이 최우선인 사람이 많아. 결혼의 서약도, 상호 신뢰의 관계도 "사랑이 죄니?"라는 말도 안 되는 항변에 맥없이 무너져버리지. 간통죄 폐지가 배우자에 대한 배신까지 면죄부를 씌워준다고 생각하는 정서. 이런 사고를 하는 사람과는 같이 교제를 하면 안 돼.

불행히도 물질 지상주의, 쾌락주의자는 교회 밖에만 있는 것이 아니야. 교회 안에도 있어. 크리스천이라고 주장하면서 청지기가 되기보다 소유자가 되려는 사람, 신뢰와 사랑의 사람이 되기보다 쾌락과 자신의 유익을 우선에 두는 사람이 곳곳에 있어. 크리스천이라 하더라도 이런 가치관을 가진 사람과는 멍에를 같이하면 안 된다고 이야기해주고 싶어.

결혼 상대를 찾기 위한 현실적 대안

세상에는 '원샷(one shot) 원킬(one kill)'로 첫사랑이 결혼까지 이루어지는 경우가 그다지 많지 않아. 기회가 되는 대로 연애 경험을 늘려도 좋아. 단, 연애의 선을 유지하면서. 결혼 이전 사귐의 단계에서는 상대방을 찾을 때 신앙의 문제보다는 삶의 가치관 문제를 고려해보는 게 필요하다고 생각해. 하지만 결혼은 연애와 좀 다른 접근이 필요해. 결혼이라는 제도는 서로에 대한 약속을 공증하는 거야. 그래서 쉽게 파기하면 안 돼. 결혼은 둘이서 하지만, 두 사람의 결혼으로 서로 관계없는 두 개의 공동체가 하나의 공동체가 되고, 또 새로운 가정과 새 생명이 탄생하게 되지.

하나님이 한 생명 한 생명을 만드시고 지키신다는 근원적 사실을 생각하면, 결혼의 관계를 성실히 유지하는 게 얼마나 중요한지를 알 수 있어.

결혼이라는 현실세계에서 둘이 다른 곳을 바라보면 산다면 많은 것을 잃게 돼. 한곳을 바라보고 살기에도 삶은 그다지 녹록지 않고 시간이 길지도 않아. 연애는 두 사람이 바라보는 방향을 타진해보는 기간이야.

결혼 상대의 우선순위를 제안한다면,

1순위 : 신앙의 색이 같고, 나를 존중하는 사람 → 비교적 지혜롭게 서로 자랄 수 있음

2순위 : 신앙의 색은 다르지만, 하나님 앞에 솔직하고, 나를 존중해주는 사람 → 조금 좌충우돌하면서 자랄 수 있음

3순위 : 신앙은 없지만 나를 나대로 인정해주는 사람 → 서로 자라가겠지만 외로운 시간이 많음(내 신앙의 크기만큼 공유할 수 없는 부분이 생김)

4순위 : 신앙은 있지만, 신앙의 신념이 너무 강해 나를 바꾸려는 사람 → 믿음의 영을 공감하지만, 서로 깨어짐과 갈등의 시간이 필요함. 때로는 신앙으로 인한 상처도 생김

5순위 : 신앙이 없고 자기주장이 크지 않음 → 상호 무관심의 영역이 발생함. 어려움을 만났을 때 상호 의지하기가 어려움. 하지만 갈등의 요소는 적음

6순위 : 신앙이 없고 자기주장이 강함 → 신앙의 고난이 예상됨. 하나님의 은혜로 믿음이 전해진다면 1순위 경우로 반전될 수도 있겠지.

연애는 충분히, 결혼은 신중히

젊은 시절, 나는 사귐(연애)이 하나의 단계라고 생각했어. 하지만 몇 번의 헤어짐을 경험한 후, 남녀의 사귐은 세 단계가 있다는 사실을 알

게 되었어.

썸을 타는 단계 – 서로에 대한 관심이 싹트는 단계지. 열심히 관찰하고 주변의 친구들도 잘 살펴볼 필요가 있어. 유유상종이란 말이 있지. 그의 친구들이 세상을 대하는 태도를 너의 그도 닮아가고 있을 거야. 그의 친구들이 돈을 대하는 자세, 약속을 대하는 자세, 사람을 대하는 자세를 유심히 살펴봐.

사랑에 빠지는 단계 – 이때는 성적 매력에 집중하게 돼. 신체접촉을 기대하게 되고 집중하게 되지. 이때는 이미 주변의 만류와 충고 따위는 관심 밖이야. 그래서 본인이 정신을 잘 차리고 있어야 해. 진도를 너무 빨리 나가지 않도록 속도 조절에 주의해야 하는 시기야.

소유하려는 단계 – 상대방에 집착하게 되는 시기야. 연락이 안 되면 불안하고, 상대의 반응에 일희일비하게 되지. 이때는 조금 여유로운 마음을 가지도록 노력해야 해. 이 단계에서 최종 필터링이 필요해. 집착인지, 사랑인지를 구분할 수 있는 지혜가 필요한 단계야.

> **불신자와의 이성 교제에 대한 제안**
> 신앙의 여부보다 상대에 대한 존중과 세상을 보는 가치관이 더 중요해.
> '멍에'를 같이 메지 말아야 할 대상이 단지 기독교인인가 아닌가로 결정되는
> 건 아니라는 사실을 기억해둬.

너희는 믿지 않는 자와 **멍에를** 함께 메지 말라

의와 불법이 어찌 함께하며 빛과 어둠이 어찌 사귀며

고린도후서 6장 14절

스킨십

결혼 전에
함께 자는 게 문제인가요?

남녀 간의 사귐을 바라보는 시각의 변화

"혼전 순결이 현 시대에 맞는 율법인지 궁금합니다."

내가 받은 질문 중에 가장 돌직구 질문이었어. 하지만 많은 사람이
제일 먼저 묻고 싶은 질문일 거야. 정답을 몰라서가 아니라, 뭔가 숨통
을 틔워줄 현실적 대안을 듣고 싶었을 거야. 한때 세상에 화제를 일으
켰던 〈결혼은 미친 짓이다〉와 〈아내가 결혼했다〉라는 영화를 한번 보
라고 권하고 싶어. 연애를 잘하려면 로코(로맨틱 코메디)를 좀 보는 것도
좋아. 사람들이 보고 공감하는 데는 이유가 있고, 나의 그대도 그런 사
람 중의 하나일 테니까. 그런데 크리스천 청년들 중에서 간혹 이런 공
감 의식이 결여된 친구들을 보게 돼. 그럴 때면 안타까운 마음이 들어.

잠깐 영화의 스토리를 소개해줄게.

〈결혼은 미친 짓이다〉는 결혼과 연애를 별개의 일로 생각하는 연희(엄정화 분)가 준영(감우성 분)과 달콤한 연애를 하면서 또 다른 누군가와 결혼하는 사건을 스토리로 하고 있어. 보통 이런 이야기의 갈등은 동거인을 둔 부부 간의 갈등에 집중하는데, 이 영화는 부부의 갈등이 아니라 결혼을 한 연인과 연애 동거인의 갈등에 포커스를 두고 있어. 심지어 연희의 남편은 누구인지조차 나오지 않았지.

〈아내가 결혼했다〉는 여기서 한 걸음 더 나간 주제를 다루고 있어. 모든 것이 너무 잘 맞아서 인아(손예진 분)와 결혼을 한 덕훈(김주혁 분), 그런데 어느 날 갑자기 인아는 한 사람만 사랑하고는 살 수 없다고 선언하고, 또 다른 사람과 결혼을 해서 서울과 부산으로 두 집의 아내가 되는 설정이야. 자신의 아내가 또 다른 누구와 연애가 아닌 결혼을 했다는 갈등 구조야.

개봉한 지 벌써 15년 지난 영화임에도 우리의 성 의식 변화를 이해하는 데 많은 힌트를 주고 있어. 이전 우리 부모들 세대에는 남녀가 결혼 전에 함께 자는 것(성적인 관계를 맺는 것)을 큰 수치라고 생각했고, 주변에서 그런 일이 있다면 동네 구설에 오르기 일쑤였지. 하지만 현재 너의 친구들을 생각해봐. 아직까지는 극적인 대칭점에 서 있는 친구들이 혼재하고 있지만, 혼전 순결을 고수하는 편에 서 있는 사람을 좀 특별한 사람으로 취급하는 경향이 있어. 대놓고 그런 고리타분한 생각을 하고 있냐고 몰아세우지는 못하지만(아직도 사회 정서상 결혼 전 임신에 대한 부정적인 생각이 남아 있고, 혼전 성관계라는 것이 임신에 대한 안전지대를 보증하기 어려운 현실 때문이기도 하겠지만), 내심 혼전 순결을 주장하는 사람에 대해 '좀 별종이네'라고 생각하는 거야.

남녀 사랑의 매개체 – 성적 매력

남녀가 서로에게 끌림(매력)을 느끼게 되는 데 성적 매력은 필수 요소야. "나는 플라토닉한 사랑을 추구해"라고 주장한다면 그 경우는 플라토닉한 정신세계에 대한 패티쉬가 있는 경우라고 생각해. 결국 이성 교제에 스킨십은 피할 수 없는 필수 요소지. 스킨십은 결여된 반쪽을 향한 잠재적 동경심의 발현이기 때문이야.

내 첫사랑은 매우 보수적인 여성이었어. 성, 스킨십에 대해서 율법적 거부감과 죄의식으로 두려움을 가지고 있었지. 그에 비해 나는 율법적 행위 자체에 좀 개방적인 입장이었지. 첫사랑의 연애사에서 스킨십에 대한 기대치와 입장 차이는 넘기 쉽지 않은 장애물이 되었어. 지금 생각해보면 연애 단계의 이런 갈등도 평생 같이할 짝을 찾아가는 탐색의 한 과정이라고 생각해.

이성 교제에는 스킨십에 대한 암묵의 기대가 있어. 예를 들어보면, '만난 지 한 달이면 손은 잡아줘야 하지 않을까? 100일이면 입맞춤 정도는 할 수 있지? 사귄 지 1년이 지나도록 키스도 안 한다면 너무한 거 아니야?' 등의 기대를 하는 것이지. 하지만 이런 암묵적 기준에 절대적 가이드는 있을 수 없어. 두 사람의 친밀도, 신뢰도가 이 수준과 단계를 결정하는 거야. 그리고 그 단계를 조율해가면서 긴 인생에서 함께할 사랑을 찾고, 키워가는 것이지.

그런데 명심할 것이 하나 있어. 스킨십 단계는 거의 절대적으로 일방통행이라는 거야. 한번 그 단계에 진입하면 그 아래 단계로 되돌아가는 경우는 거의 없어. 이 단계를 되감기 한다는 것은 교제를 그만두는 것을 선언하는 것과 같을 수도 있어. 만약 이 단계를 되돌릴 정도의 자제력과 이성으로 본능을 조절할 수 있는 절제력이 있다면, 차라리 진도를 빨리 빼지 않는 편이 훨씬 현명한 선택이야.

그리고 크리스천에게는 넘지 말아야 하는 선이 있어. 직설적으로 이야기하면, 성경은 결혼(그 사회가 속한 문화적 합의)을 전제로 서로의 가장 소중한 기쁨인 성(Sex)을 공유할 수 있다고 이야기하고 있지.

대한민국에서는 사실혼과 법정혼을 문화적 합의로 하고 있어. 일부다처제, 일처다부제가 문화인 곳에서는 이런 혼인 관계 안에서의 일 대 다수 간 성관계가 인정된다고 나는 생각해. 최선의 결혼 관계는 에덴에서 이루어진 한 남자와 한 여자의 배필 관계이겠지만, 인류는 시대적 한계 상황을 극복하기 위해 공동체적 합의에 의해 도출된 결혼 제도를 만들어왔어. 왜 문화적 합의가 중요할까? 결혼의 본질은 상호 돕는 자(배필)가 하나가 되는 것이고, 문화적 합의 아래에서만 이것은 상호 간에 지켜지고 공동체로부터 보호받을 수 있기 때문이야.

이 시대 교회가 "결혼의 제도적 합의 안에서만 성은 인정할 수 있다"라고 단정 지었을 때, 이혼 후의 성관계(이혼 후 서로 독신 상태로 친구가 된다면), 독신자의 성, 동성애의 성 등에 대한 의견은 어떤가에 대한 논의가 남게 돼. 딱 잘라서 "그건 율법적으로 죄입니다"라고 정의할 수 있겠지만, 우리 인생 자체가 죄의 연속이고 율법적으로 모든 사람이 죄를 범한 것이 성경이 증언하는 진리인 것을 생각한다면, 성적인 문제만 별개로 용납받지 못할 죄라고 규정지을 수 있을까? 이런 안건에 대한 결론을 도출하기 위해서는 기독교계 안에서 더 많은 담론이 더 필요해. 안타까운 것은 이런 주제를 언급하는 것 자체를 죄악시하는 입장이 팽배해서 우리의 담론은 더 이상 한 걸음도 나가지 못하고 있다는 거야.

예수 청년 스킨십 가이드 라인

청춘 시절 같은 고민을 했고, 결혼 후 25년을 살고, 또 두 자녀를 키우는 부모의 입장에서 예수 믿는 청년의 연애사 스킨십 가이드라인을 제시해볼게.

1. 절대 넘어서는 안 되는 선 : 실제적인 성교

결혼 안에서만 상호 간에, 그리고 사회적으로 보호받을 수 있기 때문이지. 인간에게 있어 생명을 제외하고는 자신이 컨트롤할 수 있는 가장 고귀한 자아가 성적 쾌감이라고 생각해. 그리고 그 기쁨은 법적인 혼인의 관계 안에서 가장 안전하게 보호받을 수 있어. 법적인 혼인을 이룰 수 없는 많은 현실적 문제가 있다고 해도 둘만의 성관계를 맺었다면, 결혼에 준하는 책임과 의무를 감수해야 해.

혼외정사, 즉 혼인한 사람이 배우자 이외의 사람과 성교하는 것은 바로 몇 년 전까지만 해도 법적인 죄였어. 간통죄 폐지가 자유로운 혼외정사를 보장한다고 생각할지 모르지만, 이건 형사법상의 면죄부일 뿐, 여전히 민사상의 대가는 남아 있는 거야.

사랑하는 사람의 가장 소중한 자아를 공유했기에 그에 걸맞게 상대를 보호해주어야 하지. 결혼관계도 파경에 이를 수 있지만, 그 안에서는 어찌 되었든 관계를 유지하기 위한 최선의 노력을 포기하지는 않잖아? 단순히 쾌락의 도구로 성을 취급하는 것은 성경적으로 인정하지 않아. 사랑하는 사람과의 성관계 경험을 무용담 삼아 자랑하고 다니는 경우를 가끔 경험하게 되는데, 그건 정말 끔찍한 폭행이라고 생각해. 자신이 사랑하는 사람이 누군가와 사랑을 나누고 있다는 것은 생각하는 것만으로 마음이 아픈 일인데, 내가 사랑하는 사람과 나눈 가장 은밀한 교감을 세상에 떠벌리고 다닌다는 것은 상대방을 알몸으로 세상에 떠미는 것과 같은 행동이라고 생각해.

2. 안전선 : 가벼운 입맞춤

가벼운 입맞춤도 처음 경험하는 관계에서는 매우 자극적인 단계야. 기대되고 설레지만, 신체적 쾌감보다는 정신적 교감이 조금 더 우위를 차지하고 있는 단계지. 그래서 이 단계에서는 이성이 본능을 제어할 수 있어. 속도 조절이 가능하다는 거야. 만날 때마다 키스하지 않아도 충분히 관계를 유지할 수 있지.

3. 위험선 : Deep Kiss(격렬한 입맞춤)

이 수준이면 육체적 갈망을 이성적으로 통제하기 쉽지 않아. 물론 불가능하지는 않지만, 그만큼 고통도 있어. 그리고 지속적인 자극 강도의 강화를 요구하게 되지. Deep Kiss는 그다음 단계로 멈춤 없이 진행되지. 단지 속도 조절만 가능할 뿐이야.

이 단계에 있다면 최대한 진행 속도를 늦출 것을 권해. 서로의 관계에 대한 확신, 결혼에 대한 계획이 있다면 그 시기를 고려해서 마음의 다짐을 하는 거야. 물론 마음같이 될 것 같으면 위험선이라고 하지도 않았을 거야.

4. 경고선 : 성교 이전의 단계

이 단계는 단지 법적인 책임만 회피할 뿐이지, 성교와 다르지 않아. 한때 사회에 이슈가 되었던 "부적절한 관계는 있었지만, 성행위는 하지 않았다"라고 주장한 미국의 클린턴(Clinton) 대통령의 성 스캔들 사건을 계기로 비슷한 상황에서 면죄부를 받기 위해 사용한 표현이지. 그래서 크리스천 커플이 이 단계에 있다면, 당연히 결혼이라는 수순으로 관계를 진행해야 한다고 생각해.

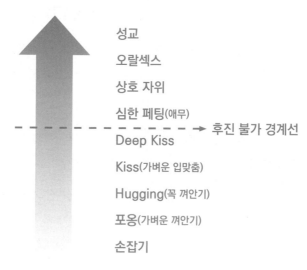

스킨십 - 가이드라인

성교

오랄섹스

상호 자위

심한 페팅(애무)

- - - - - - - - → 후진 불가 경계선

Deep Kiss

Kiss(가벼운 입맞춤)

Hugging(꼭 껴안기)

포옹(가벼운 껴안기)

손잡기

*조언 : 단계를 되돌려 내리는 것은 매우 힘듦(거의 불가능)

예수 청년 커플에게 주는 제안

상대방의 혼전 성 경험에 대한 너의 생각은 어때? 나는 누군가의 미래의 남편, 또는 아내야. 내가 상대방에게 수용할 수 있는 마음의 수준이 내가 지금 해도 되는 스킨십의 수준을 결정한다고 생각해. 한때는 이 기준을 남자, 여자를 따로 생각하는 문화가 있기도 했지만, 그 당시에도 그런 기준은 성경적이지 않은 것이고, 일반 사회에서조차 폐기한 남녀의 성 경험에 대한 차별적 사고방식은 이제 더 이상 우리 마음에 두어서는 안 돼.

그리고 다시 한번 강조하지만, 스킨십의 단계를 한 단계 낮은 단계로 되돌리는 것은 거의 불가능하다는 사실을 잊지 말아야 해.

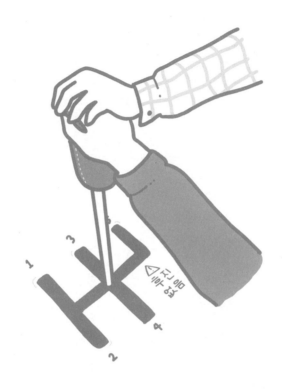

룻이 새벽까지 그의 발치에 누웠다가

사람이 서로 알아보기 어려울 때에 일어났으니

보아스가 말하기를 여인이 타작마당에 들어온 것을

사람이 알지 못하여야 할 것이라

룻기 3장 14절

새로운 관계의 시작

함께 있고 싶어요

연인들은 어떻게 결혼으로 골인을 하게 되는 걸까? 썸을 타던 사이가 어느 순간 연인이 되고 서로를 기다리고 그리워하게 되지. 그리고 또 어느 순간 데이트를 하고 서로를 배웅해주는 시간이 오면 헤어지는 시간이 싫어지게 돼. 가끔 아내와 이런 이야기를 해. "우리는 왜 결혼을 했을까?" 결혼 26년 차 부부가 이런 대화를 한다는 게 우습게 들릴지 모르지만, 소소한 일상 중에 우리가 함께하고 있음을, 그리고 그 시작점이 어디였는지 돌이켜보는 것을 멈추지 않았던 것이 지금까지 결혼생활을 잘 이어온 하나의 팁이야. 우리는 매번 같은 결론에 도달해. '서로 헤어지기 싫어서'였어.

내 직장이 서울 밖에 있었던 이유로 우리는 저녁 9시가 넘어야 데

이트를 시작할 수 있었고, 다음 날 출근을 생각하며 항상 짧고 아쉬운 데이트를 할 수밖에 없었어. 교회에서 비밀연애를 했던 우리는 일요일에는 온종일 교회에 있어야 했기에 같은 공간에 있었지만 서로 무심한 듯, 종일 각자의 역할을 해야만 했어. 그래서 평일 저녁 데이트 끝에는 늘 아쉬움이 남았지.

저마다 결혼을 하게 된 동기에는 차이가 있을 수 있어. 어떤 부류들은 자신의 기득권을 유지하고 강화하기 위한 방편으로 정략결혼을 하기도 하고, 생활을 궁핍을 벗어나기 위해 삶의 방편으로 결혼을 선택하는 경우도 있어. 심지어 자신의 의지와는 무관하게 결혼이 결정되는 경우도 있지. 이유와 방법이 어떻든간에 결혼이라는 것은 문명사회가 만들어낸 매우 강력한 사회적 합의이고, 한 사람의 삶의 방향을 좌우하는 실존하는 울타리인 것은 부인할 수 없어. 그리고 어떤 방식으로 맺어지든 결혼이라는 관계 속에 들어가는 순간부터는 두 사람의 관계가 가장 핵심적 요소라는 사실도 부인할 수 없는 거지.

결혼의 실제

내가 결혼의 현실을 고민하게 된 계기는 단기사병(출퇴근하는 군인, 당시에는 방위라고 불렀지) 복무 시절 만난 동기와의 짧은 대화였어. 그 친구는 '연애는 카페에 앉아 한잔의 차를 마시며 시간을 보내고 나오면 그만이지만, 결혼은 차를 마시고 찻잔을 설거지하기 위해 이야기를 중단해야 하는 현실'이라고 연애와 결혼의 차이를 말하며 결혼에 대한 회의적 입장을 이야기했어. 그때까지 결혼이라는 것을 깊이 생각해본 적이 없었던 나는 그 이후 결혼을 진지하게 생각하게 되었지.

불행하기 위해서 결혼을 하는 경우는 없어. 어떤 이유와 목적이 되었든 더 좋은 상황을 위해 결혼을 택하게 되지. 하지만 현실은 기대와 같지 않아. 어떤 경우는 기대하지도 않은 많은 것들을 찾고, 누리고, 그 안에서 서로 성장하지만, 어떤 경우는 기대한 것과는 정반대로 서로 상처를 주고 상처를 받으며 결별에 이르기도 해.

결혼은 이상이 아닌 현실이라는 인식이 중요해. 함께 밥을 먹으면 뒷정리가 남고, 치장된 모습이 아니라 민낯으로 대하는 시간이 많아지고, 연출된 내면이 아닌 나 스스로 보기에도 만족스럽지 않은 나의 내면을 나보다 먼저 보게 되는 상대와 함께하게 되는 것이 결혼의 실제야.

시작점

졸업이 학교생활의 끝인 동시에 새로운 배움의 시작인 것처럼, 결혼은 연애의 끝이지만 또 다른 연애의 시작이야. 그리고 그 시작점에는 새로운 룰이 적용되어야 하지. 고등학교를 졸업하고 대학생이 되면 제일 먼저 치러야 하는 관문이 수강 신청이야. 고등학교 때 모든 수업 일정을 학교가 결정해주던 룰에서 내가 공부할 과목을 내가 선택하는 거야. 어떤 과목을 어떤 교수에게 수강하느냐에 따라 같은 대학을 다녀도 서로 다른 커리어를 만들어가게 되지.

결혼도 이와 비슷한 구석이 있어. 결혼식을 마치고 신혼여행을 다녀오고(나는 신혼여행까지도 결혼식의 한 과정이라고 생각해), 두 사람이 만들어가는 새로운 일상이 시작돼. 서로 완전히 다른 세계에 살던 두 외계인이 하나의 공간 안에서 저마다의 룰을 기준으로 살면서 겪게 되는 에피소드는 꽤 흥미진진해. 밥을 먹고 물을 마시는 가정과 밥 먹기 전 물을 마시는 가정에서 자란 습관의 이질감. 밥을 먹는데 물도 안 준다고 짜증을 내고, "필요하면 네가 갖다 먹어라", "밥 먹기 전 물 마시면 소화에 안 좋은 것도 모르냐. 무식하다"라고 쏘아붙이는 상황을 그려봐. 이런 사소한 일들부터 우리가 익숙하게 봐왔던 막장 드라마의 수많은 에피소드가 단순히 웃음거리가 아닌, 집이라는 내 안전영역 안의 분쟁거리가 되고, 나를 피곤하게 만들지.

결혼 전 부모님들의 이런 전투를 진저리 치게 경험한 경우, 결혼에 대해 장밋빛보다는 회색빛 우울함의 이미지를 갖게 돼. 그래서 결혼을 두려워하기도 하지. 반면 닭살 돋을 정도로 사랑하는 부모를 보고 자란 사람은 자신도 그런 생활을 할 수 있을 것이라는 생각과 기대를 가지고 결혼에 대한 부푼 꿈을 안고 생활을 시작해.

장마철 찬 시베리아 기단과 고온다습한 북태평양 기단이 만나는 지점에서 장마전선이 형성되지. 많은 경우, 이 장마전선을 어떻게 넘기느냐가 우리의 나머지 인생을 결정하게 되는 거야. 쏟아지는 폭우와 천둥과 번개, 간간이 보이는 맑은 하늘과 우중충한 하늘, 이 장마가 그치고 찬란한 무지개가 뜨는 날은 언제 올까?

멈추지 않고 성장하기

나는 행복한가? 나의 결혼생활은 만족스러운가? 만족이라는 표현은 적합하지 않은 것 같네. 우리의 결혼생활은 긍정적인가?

가끔 삶에 여유가 있을 때 아내와 이런 질문을 나누어봐. 우리의 모습에 자신이 있어서라기보다는 나름대로 노력하고 있는 결혼생활에 대해 서로에게 피드백을 들어보는 시간이야. 물론 듣고 싶은 답이 정해져 있는 '답정문'이긴 하지만, 반억지라도 긍정적인 답을 할 수 있다는 것에 위안을 받게 되지.

결혼생활에는 보편적인 인간관계를 넘어서는 조금 특별한 부분이 있어. 이성 간에 그것도 사랑이라는 감정이 개입된 관계에서 육체적 교감은 상당히 중요한 부분을 차지해. 이 부분을 간과하면 안 돼. 서로에 대한 끌림, 매력에서 이성 관계는 시작되고 이 끌림을 채워가는 과정에서 결혼하고, 자녀를 낳고 가정을 이루는 거지.

처음에는 단순히 외모나 몇 가지 특징으로 매력을 느끼게 되지만, 인간의 감정과 감각은 쉽게 무뎌지는 경향이 있어. 그래서 아무리 아름다운 사람도 내 배우자가 되면 외모에 의한 끌림은 점차 희미해져가게 되지. 그래서 결혼 후 서로에게서 새로움을 찾아가는 것이 필요해.

이미 만들어져버린 내가 보여줄 수 있는 새로움은 한계가 있어서 한 꺼풀, 한 꺼풀 천천히 베일을 벗더라도 지금의 내가 고정되어 있다면 더 이상의 매력을 발산하기는 어렵지. 그래서 서로가 변해가는 것과 그 변화를 응원해주고 지원해주는 관계가 필요해. 세상에서 가장 신뢰할 수 있는 동역자 관계. 그렇게 될 수 있다면 최선의 결혼생활을 이루어낼 수 있다고 생각해.

행복한 결혼생활을 위한 제안

요즘은 결혼하면서 이런저런 합의를 만들기를 좋아하는 것 같아. 생활비는 어떻게 하고, 소득의 관리는 어떻게 하고, 생활 각 요소에 대해서 책임을 규정짓고, 육아를 할 때 어떻게 하자는 등등의 계약을 맺는 거야. 모든 것이 불확실하고 결혼의 관계가 중단되는 것이 낯설지 않은 것이 된 현실 상황이 만든 결과이겠지만, 최소한 결혼을 시작하면서 결혼을 중단할 때를 고민하는 결혼은 하지 않는 것이 좋을 것 같아. 확신을 가지고 살기에도 만만치 않은데, 미리 결혼을 종료할 경우를 생각하는 것은 바람직하지 못해. 사업을 하는 것과는 차원이 다른 문제지. 나는 플랜B를 세우기보다 플랜A를 잘 유지할 수 있는 방책을 마련하라고 제안해.

플랜A를 위한 제안

하나, 서로에게 집착하지 않기

'너 없이는 아무것도 할 수 없어'의 관계가 아니라 '네가 옆에 있어 더 잘할 수 있어'의 관계를 만들어가기.

둘, 자라가기를 멈추지 않기(계속 업데이트되는 배우자)

'와, 너에게 이런 면이 있었구나. 멋진데' 이런 감탄사가 문득 떠오르는 사람으로 자라가기.

셋, 상대의 성적 판타지를 위한 변신

부부만이 가질 수 있는 유희를 누리기.

우리가 다 하나님의 아들을 믿는 것과 아는 일에

하나가 되어 온전한 사람을 이루어

그리스도의 **장성한** 분량이 충만한 데까지 이르리니

에베소서 4장 13절

식구와 가족

출산, 육아

식구와 가족

결혼을 통해 두 사람을 중심으로 새로운 관계가 형성되지. 식구, 가족, 친척, 인척이야. 이 단어는 비슷하면서도 다른 의미를 가지고 있어. '식구'는 글자 뜻 그대로 생계를 같이하는 관점에서 바라본 정의지. 밥을 같이 먹고 생활을 같이하는 관계를 가족이라고 해. 사랑하는 사람이 만나 결혼을 하고 함께 생활하면서 서로 다른 남이 하나의 식구가 되는 거야. 여기에는 두 사람의 주변인이 더해지기도 해. 배우자의 부모, 배우자의 형제 등이 한 식구가 되는 거야. 식구란, 철저히 생활 터전 중심적인 말이야.

비슷하면서도 조금 다른 의미를 가지는 것이 '가족'이야. 가족은 혈연을 중심으로 만들어지지. 내 가족은 나와 부모와 자녀이고, 배우자의 가족은 배우자의 부모와 자녀야. 자녀는 배우자와 내가 공유하는 가족이지만, 배우자의 가족은 엄밀한 의미에서 내 가족이 아니야. 이 관계를 명심하면, 결혼생활에서 일어나는 갈등을 이해하고 그 해결을 찾아가는 작은 실마리를 찾을 수 있어.

결혼 후 배우자의 가족과 어떤 이유로든 생활을 같이하는 식구가 된다면, 서로를 의존하는 존재가 되는 거야. 식구의 관계는 생활 공간을 기반으로 두기에 가족보다 더 친밀한 공동체가 될 수밖에 없어. 하지만 생활을 같이하지 않는 배우자의 가족은 엄밀한 의미에서 남이기 때문에, 그에 걸맞은 관계 유지가 필요해.

배우자의 가족이 한식구가 되어서 사는 상황과 생활을 따로 할 때의 상황을 동일선상에서 생각하고 같은 자세로 접근하는 것에서 많은 문제가 시작되는 것을 이해할 필요가 있어.

출산, 둘이 살면 안 될까?

부모들은 자녀를 낳지 않는 것에 대해서 많은 걱정을 하지. 도대체 그런 걱정의 근원은 뭘까? 손자, 손녀를 보고 싶은 궁금증? 자녀들의 결혼생활에 대한 걱정? 자녀들의 노후에 대한 걱정? 대를 이어야 한다(가문의 유지)는 사명감? 우리 사회의 노동 시장 왜곡에 대한 사회적 사명감? 그것도 아니면 정상적인 부부라면 아이를 낳아야 한다는 막연한 군중심리? 인류문명 유지에 대한 본능적 갈망?

사실 이 모든 이유가 뒤섞여 있는 복합적인 사고로 자녀 출산에 대해 기대를 하는 거야. 전통사회에서 노동력은 곧 재물이었고, 힘의 근원이기도 했으니까 다산은 인류사회의 오랜 염원이었지. 하지만 인류의 폭발적 증가로 언제부턴가 우리는 출산을 제한하는 정책을 쓰기도 했어. 인간 본성을 제한하는 교육지책이었지만, 그 결과는 꽤 성공적이었어. 인구의 증가세를 멈출 수 있었기 때문이지. 그런데 그 반작용으로 이제는 인구절벽을 향해가고 있어.

'자녀는 낳아야만 하는 걸까?' 이 고민은 '결혼을 해야만 할까?'와 같은 고민인 것 같아. 너는 결혼에 대해 고민하는 친구들에게 어떤 이야기를 해주고 싶어? "함께하는 게 얼마나 좋은데 그런 걸 고민해", "결혼, 해보니 별거 아니야. 결혼 같은 거 하지 마. 그냥 혼자 살아", "이 생활 정말 지옥 같아. 절대로 결혼할 생각하지 마. 나도 빨리 청산하고 싶어."

글쎄, 정답이 있을까? 세상 순리가 결혼하고 아이 낳고 사는 것이라고 하지만, 그럼 자녀 출산을 방해하던 산아제한 정책은 뭐였을까? 지금도 아무런 대책 없이 자녀를 자연의 순리대로 낳으라고만 한다면, 그건 정당한 것이 아니겠지.

나는 이렇게 제안해. 두 사람의 자세가 제일 중요한 거야. 하나님으로부터 부여받은 자녀 양육의 특권을 누리기 위해 도전해볼 것인가, 아니면 지금 두 사람의 관계만으로 충분한 가정을 이루어 살 것인가를 결정하는 거지. 물론 자녀를 양육할 수 있는 것도 마음대로 되는 건 아니야. 그리고 자녀는 너희들의 소유도 아니지. 자녀가 태어나 너희에게 기쁨을 주고 자라서 자아를 찾고 독립되기까지 너희는 그 인격을 보호하고 양육하는 역할을 부여받는 거야. 생명의 잉태는 하나님이 주시는 엄청난 축복이지. 그 축복으로 너도 너의 짝도 세상에 있는 것이고, 이렇게 만나 행복을 누리는 거야. 하나님은 너희도 그 축복의 통로가 될 기회를 열어주셨고, 그 제안을 선택하는 것은 너의 자유야.

첫째, 아무런 준비 없이 자녀를 잉태하지는 말라는 것이 내 제안이야. 우리는 가족을 통해 자아를 찾아가. 내 자아의 저변에는 내가 경험한 가족의 모습이 있는 거지. 준비되지 않은 채 잉태된 새 생명으로 인해 당황한 상태에서 아이를 맞이하고, 축복이나 사랑보다 원망과 후회로 자녀를 대하게 된다면 그 아이는 상처받은 자아로 세상을 시작하게 되는 거야. 잘 준비하고 마음을 다해 양육해도 만만치 않은 것이 부모의 역할이기에 준비 없이 문득 다가온 생명을 맞지 않도록 같이 협력해 준비해야 돼.

둘째, 자녀 양육의 축복을 포기하기로 결정했다면 너희들의 결정을 존중받기 위해서 많은 충돌이 있음을 받아들이고 주변의 지나친 관심과 애정 어린 충고의 불편함에 너무 예민하게 반응하지 않기를 바라. 할 수만 있다면 양가 부모님을 효과적으로 설득해 더 이상 충돌이 발생하지 않도록 입장 정리를 해두는 것이 현명하겠지만, 부모님들의 성향에 따라 쉽지 않은 상황을 만나게 될 수도 있어.

그리고 결정할 때, 자신의 성장 시절 경험이나 주변의 경험을 지나치게 심각하게 참고할 필요는 없어. 나의 삶이 내가 의도하지 않았지만 이렇게 이루어져온 것처럼, 너희에게 맡겨질 자녀의 삶도 너희가 생각하고 예상하는 것과 딱 맞아떨어지지는 않을 거야. 너희는 단지 그 생명을 이 세상에 끌어들이는 통로가 될 뿐이고, 그 아이의 인생은 또 다른 한 생명의 인생이 될 거야. 너희는 그 생명을 이 세상에 오게 함으로, 세상 그 어떤 것으로 맛볼 수 없는 큰 행복을 누리게 될 거야.

자녀 출산에 대한 제안

1단계. 두 사람의 합의를 이루자(남들의 눈, 관점은 일단 배제)

2단계.

경우 ① 자녀 출산 결정 - 적극적으로 준비하자. 자녀 양육에 대해 배우고, 기대함으로 준비(자녀는 소유물이 아니고 맡겨진 인격체다)

경우 ② 둘만의 삶 결정 - 양가 가족의 합의를 도출하자. 쉽지 않은 과정이지만, 삶의 함정을 사전에 제거

3단계. 계획에 집착하지 말고 흐름에 효과적으로 반응하자.

방향을 정하고 계획을 세우고 체크하는 것은 프로젝트 수행에 매우 유용해. 하지만 삶은 계획대로 되지 않지. 내가 계획한 대로 살아지는 삶이란 없어. 수많은 변수가 곳곳에서 발생하게 돼. 그때, 계획대로 되지 않는 것에 좌절하지 말고 맞닥뜨린 상황에 가장 현명하게 대응하는 삶의 자세를 취해야 돼. 가족의 문제는 우리가 인생에서 만나는 문제 중 가장 예측 불변의 상황이라는 것을 잊지 말아야 해.

그가 너를 도우실 것이요 전능자로 말미암나니

그가 네게 복을 주실 것이라

위로 하늘의 복과 아래로 깊은 샘의 복과

젖먹이는 복과 **태의 복**이로다

창세기 49장 25절

배우자의 가족

의존, 독립

의존 – 부계사회에서 모계사회로

'배우자의 부모는 가족이 아니다.' 조금 생소한 주장이지만, 나는 이런 생각이 이 시대 가족 갈등을 해결하는 좋은 출발점이 될 수 있다고 생각해. 한국 사회가 가진 전통은 분명 남성 쪽 가계에 좀 더 높은 가족 관계를 부여해왔지만, 최근 들어서는 생활 중심이 여성의 가족을 중심으로 옮겨감에 따라 이 관계가 역전되는 경우가 많아. 한국 사회가 부계 사회에서 일정 부분 모계 사회로 전이되고 있는 현상이지. 하지만 여전히 출생신고를 할 때는 남성의 성본을 기본으로 따르게 되어 있어. 여기서 결혼으로 새로 시작하는 가정의 남자 쪽 가족 관계와 여자 쪽 가족 관계 사이에 모호한 입장이 발생하고, 갈등 유발의 발단이 만들어지게 되지.

너희들의 부모 세대는 이런 현상을 정서적으로 받아들이는 데 아직 익숙하지 않거나, 이중적 사고를 가지고 있어. 아들을 대할 때는 혈통을 중심으로 한 내 핏줄, 우리 가문이라는 관점에서 접근하고, 딸을 대할 때는 생활의 익숙함에 근거해서 내 식구, 내 아이라는 관점에서 접근하지. 우리는 모두 누구의 아들인 동시에 누구의 딸인 것을 이해는 하지만, 내 문제가 되었을 때는 공정한 입장에서 생각하는 것에 서툰 게 사실이야.

혼란, 갈등 – 출산, 육아

결혼과 함께 출산을 하고 육아라는 미션이 주어지면, 이제 막 시작한 새 가족은 혼란을 겪게 돼. 전통적으로 육아는 엄마의 몫이었고 대가족 사회에서는 1년 남짓 되는 젖먹이 시기를 거치면 아이의 성장은 딱히 누구의 역할이라고 규정짓지 않아도 가족 구성원들에 의해 자연스럽게 분산되어 살아갈 수 있었어.

하지만 결혼 후 단둘이 살게 된 현대 사회 구조에서는 자녀가 부모의 손에서 벗어나 독립적인 생활을 할 수 있는 나이(최소 10살)까지는 누구나 육아 문제로 매우 힘든 상황을 만나게 되지. 놀이방, 어린이집, 유치원, 초등학교 등 아이들을 잠시 맡아주는 기관들이 있지만, 결국 두 사람 중 한 사람에게 시간적 자유가 없다면 이런 기관들에 의한 돌봄은 한계가 있어. 그래서 양가 가족 중 한쪽과 식구(생활 공동체)가 되는 방법을 택하게 되지. 그리고 전통적으로 아내의 역할로 여겨졌던 육아 책임의 관습은 여권 신장과 함께 찾아온 가정 내 여성의 결정권 신장의 결과로 아내의 가족과 식구 관계를 맺는 경우가 많아지고 있어. 전통적 정서와 이 시대 현실적 생활 형태 변화는 갈등의 시작점이 되고 있어. 육아의 편의성을 이유로 전통적 가치인 남성 중심의 가족 문화가 아내 중심의 가족 문화로 재편되는 현실에서 부계와 모계, 그리고 식구에 대한 기대의 차이가 갈등의 원인을 제공하고 있는 거야.

캥거루 아기 주머니

우리나라에서는 독립된 세대주를 구성하기 위해 세 가지 조건을 전제로 하고 있어.

첫째, 결혼을 했는지,

둘째, 만 30세에 도달했는지,

셋째, 일정 수준의 정기적 소득이 있는지야.

결혼이라는 관문을 통과했다면 나이와 상관없이, 소득 여부와 상관없이 하나의 독립 세대를 이룰 자격을 준다는 말이지. 그런데 요즘은 결혼하고 가정을 이루었음에도 여전히 부모에게 의존하는 세대를 자주 보게 돼. 이른바 캥거루족이 되는 거야. 좀 과장된 이미지를 만들어 본다면 할머니 캥거루 주머니 안에 엄마 캥커루, 그리고 엄마 캥거루 주머니 안에 아기 캥거루가 들어가 있는 거지.

과거 대가족 시대에도 함께 사는 생활을 하기는 했지만, 지금의 상황과는 분명한 차이점이 있어. 과거의 대가족은 공동 노동을 위한 경제 공동체 성격이 강했어. 소년기 손자부터 노년기 할아버지까지 저마다의 역할이 있었어. 예를 들면, 학교를 다녀온 후 쇠꼴을 먹이는 것은 손자가 책임을 지는 것 같은 것이지. 하지만 현재의 공동생활은 좀 일방적인 의존인 경우가 있어. 사소해 보일지 모르지만, 우는 아기를 어찌할 줄 몰라 친정어머니를 불러야 마음이 놓이는 일부터, 집을 사야 할지, 전세를 얻어야 할지 중대한 결정이 필요한 순간에 판단을 못 해서 부모님께 결정권을 전가(책임회피)하는 것 같은 거야. 이런 것들은 경험이 많은 어른의 조언을 듣는 것과는 좀 다른 문제라고 생각해. 어린 시절 엄마, 아빠의 손을 놓치고, 안절부절못하는 어린아이와 같은 모습이 결혼하고, 자식을 낳고 자신이 부모가 된 상태에서도 이어지는 것이지.

이런 정서적 미성숙의 상태에서 남편 쪽이든 아내 쪽이든 한쪽 부모와 식구(생활 공동체)를 이루어 살아갈 때, 반대편 한쪽은 왠지 모르는 소외감을 느끼게 되는 거지. 특히 개인화 성향이 강하게 발현되는 90년대생들의 삶에서 식구가 아닌 가족은 남과 다름없거든. 남자가 되었든, 여자가 되었든 내 집에서 이방인이 되어 자신과 자신의 가족에 대한 묘한 상실감이 갈등의 저변에 깔렸다고 생각해.

배우자의 가족과 잘 지내기

'배우자의 가족은 남이다.' 좀 냉정한 입장인 것 같지만, 배우자의 부모가 남이라는 생각은 새로 탄생하는 가정의 건강한 성장을 위해 좋은 출발점이 될 수 있어. 나의 부모님이 배우자에게는 남일 수 있다는 생각, 그리고 배우자의 부모님이 내 사랑하는 그대에게는 가족이라는 사실은 서로에 대해 적절한 배려를 할 수 있는 출발점이 되지. 그리고 새로 시작하는 가정이 의존적으로 되지 않고 성장할 수 있도록 해주고. 물론 이런저런 현실적 이유로 한쪽의 부모와 생활을 같이하는 식구 관계를 이루고 산다면, 어떤 경우이든지, 나머지 한쪽은 배우자의 가족을 식구의 개념으로 받아들이면 애매한 관계가 좀 정리될 거야.

또 한 측면은 너희가 사는 세상이 변하고 있듯이, 너희 부모님들이 살아가는 세상도 변하고 있어. 손자, 손녀를 양육해주는 것을 기쁨과 의무로 생각했던 이전 세대는 서서히 지나고, 지금의 부모 세대들도 너희들 못지않게 개인 삶의 가치를 추구하는 세상을 기대하고 있어.

이제 새로 세상에 태어나는 자녀들을 어떻게 안전하고 건전하게 양육해서 미래를 살아갈 존재로 키워갈 것인가의 고민이 남네. 자녀 양육의 문제가 개인의 역량에 좌우되는 사회에서 국가와 사회가 최소한의 양육 환경을 만들어주는 사회가 오길 우리 모두 기대하고 그런 나라를 만들어가야 해. 그런 날이 오기까지 육아의 문제는 여전히 이 시대를 살아가는 부모들에게 큰 과제야.

> **건강한 가족 관계를 위한 제안**
> 하나, 배우자의 가족은 남이다.
> 둘, 가족과 한솥밥을 먹는 식구는 같지 않다.
> 셋, 가족으로부터 정서적, 경제적으로 독립하자.
> 　명심하자! 어려움이 있다고 쪼르르 엄마, 아빠 품에 숨지 말자.

내가 어렸을 때에는 말하는 것이 어린아이와 같고
깨닫는 것이 어린아이와 같고, 생각하는 것이 어린아이와 같다가
장성한 사람이 되어서는 **어린아이의 일을** 버렸노라

고린도전서 13장 11절

헤어짐

실패와 성장

어느 날 만나는 함정 – 사랑 궤도 이탈

"나에게도 첫사랑은 있다."

너희들의 아빠, 엄마의 첫사랑 이야기를 들어본 적이 있어? 나는 아내와 딸, 아들 이렇게 네 명이 살고 있어. 언젠가 가족끼리 두런두런 이야기를 나누다 우리가 서로 만나기 전에 있었던 연애 흑역사를 이야기한 적이 있어. 그때 막 스무 살을 넘긴 딸아이의 반짝이던 눈이 생각나네.

청춘들에게 첫사랑 이야기는 굉장히 흥미로운 주제야. 16년간 청년회 담당 부장을 하면서 여러 차례 신앙 생활 특강을 해봤지만, 언제나 가장 흥미롭고 많은 질문이 쇄도하는 주제는 역시 사랑 이야기였고, 그중에서도 첫사랑 이야기를 할 때의 그 팽팽한 긴장감이 생각나네.

사춘기를 지나고 풋풋한 청춘의 시기에 들어서면 동화 속 또는 영화 속 이야기 같은 사랑을 기대하며 내 앞에 나타나 줄 누군가를 찾게 돼. 그때 만나게 되는 게 처음 사랑이지. 어떤 사람들은 정말 운이 좋아서 이 첫사랑이 평생 사랑이 되는 경우도 있지만, 많은 사람들은 첫사랑을 통해 사랑의 감정에 입문하게 돼.

"사랑에 빠진다"는 표현은 참 멋진 표현이야. 서로 아무 감정 없이 10여 년을 알고 지내던 여사친(여자 사람 친구), 남사친(남자 사람 친구)이 어느 날 내 마음 한편을 가득 메워버리는 일, 매일매일 스쳐 지나가던 직장 동료가 어느 날 나를 설레게 하는 이성으로 훅 다가오는 일, 원수같이 서로 아웅다웅하던 교회 선후배 사이에 어느 날 핑크색 안개가 피어오르는 일. 이런 일은 예고 없이 우리 삶에 불쑥 끼어들어. 그래서 사랑을 "사랑에 빠진다"고 한다면, 헤어짐은 '사랑 궤도 이탈'로 표현할 수 있을까?

첫사랑의 아픔

나의 첫사랑은 중고등부 시절 같은 교회를 다녔던 1년 후배였어. 숫기가 없던 나는 1년 후배 앞에서 제대로 말도 못 하는 어리바리 학생이었지. 초등학교부터 10여 년을 크지도 않은 교회에 같이 다니면서도 말 한번 제대로 붙여보지 못하고, 중·고등학교 시절을 보내고, 나는 재수를 해서 같이 대학생이 되었지. 그리고 우리의 연애사는 시작되었어. 다른 연인들처럼 참 많이 붙어 다녔어. 각자의 학교 축제에 초대하고,

거리를 활보하고, 교회 안에서 붙어 다니고, 우리 주변에서는 "정심권심(내 이름인 권○○ 마음이 곧 연인이었던 정○○ 마음)"이라는 별명을 붙여주기도 했지. 하지만 우리의 사랑은 어느 날 뚝 끝나고 말았어.

"나는 더 이상 오빠가 필요하지 않아" 비 오는 날 연인을 배웅하고 그 집 대문 앞에서 내가 들었던 최후통첩이었지. 그 자리를 떠나 집으로 가는 길에 하염없이 눈물이 났어(이 말은 내가 기억하는, 내가 받아들인 최후통첩일 뿐, 그 사람이 한 말의 진의는 '더'가 아니라 '지금'이었을지도 모르겠어). 그리고 우리 관계는 끝났어. 10여 년을 알고 지냈고, 2년 정도의 연애 기간이 이 한마디로 궤도 이탈해버린 거야. 혹시 이 글을 과거의 그 사람이 본다면 사과하고 싶어. 나는 너무 어렸고, 경솔했어.

실패의 징조

사랑의 감정이 우리 몸에서 분비되는 호르몬 영향이라는 연구 결과가 발표된 적이 있어. 인간의 신비로운 감정을 화학적 작용과 연관시키는 게 좀 불편하기는 하지만, 배가 고프고, 잠이 오고, 피로감을 느끼는 게 우리의 생리적 반응이듯이 고귀한 사랑이라는 감정도 하나의 생리적 반응이라는 관점에서 보면 애써 외면한다고 해서 그 사실이 달라지지는 않아. 우리가 신체로부터 사랑을 주관하는 호르몬 수치를 검출하고 분석한다고 해서 그 사람의 사랑의 크기와 생각에서의 비중을 정의할 수는 없어. 상대적으로 사랑을 하기 전과 후의 호르몬 수치 변화가 있다는 것 정도만 인지할 수 있을 뿐이지. 그리고 인위적으로 호르몬 수치를 조절함으로써 궤도 이탈을 향해 달리는 사랑의 관계를 조절할 수는 없어.

인생에서 만나게 되는 고난이 예고 없이 찾아오듯이 헤어짐이 어느 날 갑자기 찾아오게 되는 걸까? 연인과의 사별(죽음에 의한 이별)은 인생에서 만나는 고난의 함정이니, 예외의 문제로 생각한다면 헤어짐, 다시 말해서 사랑의 궤도 이탈은 어느 날 불현듯 찾아오는 것은 아니야. 우리가 눈치채지 못하는 사이 궤도 이탈의 조짐은 조금씩 너의 연애사를 삐걱거리게 만들지. 이 삐걱거림을 눈치채고 손질하는 예민함이 사랑에도 필요해. 사랑에 빠지는 것은 순간일 수 있지만, 사랑의 이탈은 순간에 일어나지 않아. 서로에 대한 기대와 기다림이 서서히 지쳐가고, 그 피로감이 쌓여가다 어느 균열 점을 만나는 순간, 그게 이별이라는 결과로 표출되는 거야. 불행히도 이 삐걱거림을 손볼 수 있는 타이밍을 놓쳐서, 그리고 어떤 경우는 순간의 사랑에 빠진 충격을 서서히 벗어나는 과정에서 이별을 결정하게 돼.

헤어짐, 성장, 그리고 또 만남

헤어짐은 실패가 아닌 성장으로 가는 계단이야. 만날 때 헤어짐을 걱정하고 고민하며 시작하면 안 돼. 그렇지만 헤어짐이 현실화되었을 때 미련을 가지고 매달려서도 안 돼. 너희들은 아직 출발점을 통과하지도 않은 상태이거든. 20년, 30년쯤 살고 연애를 5년, 10년 했다고 사랑의 모든 요인을 다 파악했다고 생각하는 것은 위험해.

나는 결혼한 지 20년쯤 지났을 때 아내의 친구들에게 불타는 질투심을 느끼고 '아, 이게 사랑이구나' 하는 것을 다시 깨달았어. 어느 날 초등학교 남자 동창들 틈에서 지리산 종주를 하며 비와 땀에 흠뻑 젖어 웃고 있는 사진을 카톡으로 전해 받았을 때, 내가 아닌 낯선 남자들 틈에서 해맑게 웃는 아내를 보며 부글부글 끓어오르는 질투심을 느꼈지. 그리고 나는 아내를 다르게 대하기 시작했어. 우리의 경험은 제한적이기 때문에 삶에서 경험하는 한 구비, 한 구비 변곡점의 의미를 잘 새겨두는 게 필요해.

사랑의 궤도 이탈을 경험했다면, 그것을 가슴에 묻고 썩히기보다는 앞으로 다가오는 사랑에서 성공하기 위한 능력치를 쌓은 것이라고 생각해야 해. 균열의 징조를 알지 못하고 대처하지 못해 이탈한 사랑이라면, 좀 더 예민하게 이탈의 징조를 살피고 유지하기 위해 발판으로 삼고, 성급한 사랑의 늪에서 눈을 떠서 궤도 수정을 했다면, 다음에는 좀 더 신중하게 사랑 열차를 살피고 탑승하는 지혜를 얻게 된 것임을 기억해.

헤어짐을 앞둔, 이제 막 헤어짐을 경험한 너를 위한 제안
사랑의 궤도 이탈이 인생의 궤도 이탈로 이어지도록 방치하지 말 것. 그리고 다가올 사랑 열차를 기다릴 것.

소가 없으면 구유는 깨끗하려니와

소의 힘으로 **얻는 것**이 많으니라

잠언 14장 4절

3장 ——— '이웃'을 대하는 자세

거짓을 버리고 각각 그 이웃과 더불어

참된 것을 말하라 이는 우리가 서로 **지체가** 됨이라

에베소서 4장 25절

좋은 가족
축복 누리기

만남

너는 가족에 대해서 어떤 감정을 가지고 있어?

어떤 사람은 '가족'이라는 단어만 생각해도 눈물이 난다고 해. 그리고 어떤 사람에게는 '가족'이라는 단어가 고통으로 다가오기도 하고, 어떤 사람은 '가족'이라는 단어에서 아련한 흙냄새를 느끼기도 하지. 그만큼 가족은 모든 사람에게 정말 다양한 모습으로 다가오지만, 필연적인 존재야.

일본의 고레에다 히로카즈(是枝裕和) 감독은 가족이란 주제로 몇 편의 영화를 만들었어. 그의 영화 중 〈어느 가족〉은 내 인생 영화 중 한 편이 되었어. 서로 아무런 혈연관계가 없는 사람들이 이런저런 이유로 가족이라는 울타리를 만들고 살아가는 이야기인데, 가족의 필수 조건이 혈연인지, 서로의 필요에 대한 배려인지를 고민하게 한 영화야. 이런 영화를 만들었다는 사실은 가족이 혈연관계를 대전제로 하고 있기 때문이야.

보통 인생에는 세 번의 만남이 있다고 해. 첫째, 가족과 만남, 둘째, 배우자와의 만남, 셋째, 예수와의 만남. 그중에서 누구도 피해갈 수 없는 만남이 세상에 '나'라는 존재를 있게 한 가족과 만남이야. 비록 부모의 얼굴조차 모르고 자란 천애 고아라고 하더라도 그 생명의 근원은 분명히 존재하는 거야.

가족 – 가장 가까운 이웃

이 글을 쓰면서 나는 의도적으로 가족을 이웃이라는 분류에 넣었어. 네가 좀 예민한 성향이라면 이 부문에서 의문을 가졌을 거야. 가족을 왜 이웃으로 분류하는 거지? '나'와 '너'는 한 공동체야. 성경의 표현대로 둘이 한 몸이 되는 거지. 하지만 가족은 협력 공동체라고 생각해. 벼농사를 지을 때 파종을 하고 모종이 어느 정도 자생력이 생기기까지는 처음 심어진 환경을 유지해주지. 하지만 어느 정도 자란 후 쌀을 수확하기 위해서는 모내기를 통해 자신의 자리에 다시 심어져야 하는 것과 같아.

'나'라는 존재가 가족이라는 울타리를 통해 자생력이 생기기까지 보호를 받다 시간이 되면 자신의 자리를 찾아 떠나는 거야. 그때가 되면 너의 가족이라는 울타리는 하나의 이웃이 되는 거야. 하지만 이 이웃은 아주 특별한 이웃이어서 어떤 이해관계나 논리적인 관계로 규명할 수 없어. 가족은 내 생명의 토양이고, 지금의 내 모습은 내 가족을 양분으로 만들어졌기 때문이야.

좋은 가족과 만남 – 축복

다시 한번 물어볼게. "너는 가족을 생각하면 어떤 감정이 느껴져?" 그 감정이 긍정의 감정이라면 너는 정말 큰 축복을 받은 거야. 불행하게도 세상에는 결여된 가정이 참 많아. 겉으로는 아무런 문제가 없어 보이는 가족도 그 안으로 조금 들어가 보면 저마다의 고민을 하고 살아가고 있지. 엄마와 아빠의 관계에 어려움이 있거나, 형제 관계에 벽이 있거나, 경제적인 궁핍함으로 힘겹거나, 가족 중에 육체적이거나 정신적 질환을 앓고 있는 경우, 또 돈이 너무 많아서 갈등이 생기는 경우 등.

가족은 하나의 토양이기에 한 명에게 결핍이 생기면 모두가 흔들리는 속성이 있어. 그런데 네가 가족을 생각할 때 긍정적인 마음을 가질 수 있다면, 이것은 얼마나 큰 행운이겠어. 나는 이런 가족을 좋은 가족이라고 정의하고 싶어. 그런데 좋은 가족은 그냥 만들어지지 않아. "우리 가족은 좋은 가족이야"라고 말할 수 있다면, 우선 너의 부모님의 분투와 지혜에 감사를 드려야 해. 좋은 가족은 좋은 부부관계에 그 시작점이 있기 때문이야.

부부 간 서로에 대한 배려와 신뢰, 그리고 일관성 있는 태도, 서로에 대한 긍정적 경쟁을 통한 멈추지 않는 성장과 끊임없는 살핌이 좋은 부부관계를 만들고, 좋은 부부관계 안에서 좋은 가족은 만들어져 가는 거야.

그리고 너의 형제들의 배려를 잊지 마. 내가 잘해서가 아니고 가족들이 잘 배려해줘서 지금의 가족이 있다는 사실을 명심해. 그리고 너도 배려심을 끝까지 유지해야 해.

독립 – 좋은 가족 만들기

너는 이제 어엿한 성인이야. 성인이 된다는 것은 또 다른 가정을 세워가야 한다는 거지. 나는 가능하다면 부모로부터 완전한 독립을 하라고 권하고 싶어. 완전한 독립이라는 것은 경제적 독립과 생활 공간으로부터의 독립을 말하는 거야. 많은 부모들이 자식을 옆에 두고 싶어 해. 부모의 눈에는 자식은 언제나 돌봐야 할 대상이라고 생각하는 경향이 있어. 80살 먹은 노모가 50살 먹은 아들이 현관을 나설 때 길 조심하라고 걱정을 한다고 하잖아. 그래서 이런저런 이유로 같이 살아야 할 핑곗거리를 찾게 돼. 가장 설득력이 있는 제안은 경제적 유익이지. 밖에 나가서 살려면 방값, 공공요금, 식비 등 모든 비용이 더 많이 발생하니까 그것을 모으기 위해 같이 살기를 유도하지.

하지만 생활 공간을 같이하는 한 너는 여전히 의존적으로 살아갈 수밖에 없어. 밀린 설거지, 밀린 빨래를 누군가 해줄 때 너는 그것이 당연하다고 생각하게 되고, 누군가의 노고를 망각하게 되지. 그리고 그 누군가는 자신의 삶을 가족을 위해 헌신하게 되는 거야. 물론 그 자체가 행복일 수도 있지만, 어느 날 갑자기 자신의 삶에 대해 회의감이 문득 다가오면, 순간 지금까지의 삶이 무너질 수도 있어. 그때 가족들은 당혹감을 느끼게 되지. 어제까지 아무 문제가 없었던 가정이 어느 순간 무너져버리는 거야.

그래서 나는 30대가 되기 전에 너의 삶을 온전히 독립하기를 제안하고 싶어. 그리고 부모님은 또 다른 삶을 시작하는 거야. 참고로 30세라는 기준은 우리나라에서 독립 세대주가 될 수 있는 법적 기준이기도 해.

너의 부모님 세대, 곧 나는 사회 생활의 첫 번째 구간(직장 정년)을 마무리할 때쯤이면 인생도 거의 마무리 단계가 될 것으로 생각했던 세대야. 하지만 막상 은퇴를 바라보는 시기가 되니 그 생각이 잘못되었다는 것을 조금씩 알아가게 되었지. 인생은 젊음, 노년의 두 개의 단계로 정의하면 안 된다는 거야. 30~60세의 시기는 생활을 위해 삶을 소모하는 시기라면, 50~70세는 자신의 가치를 위해 삶을 살 수 있는 시기야. 그리고 그 후, 몸도 마음도 잔잔한 삶을 누리는 진정한 노년기가 오는 거지.

네가 좋은 가정에서 자라왔음을 감사하며 너의 부모님의 삶을 위해 독립을 선언해보는 건 어떨까. 이 글을 쓰는 나조차도 이 주장에 대해 주저하게 되는 면은 있지만, 앞으로의 시대를 생각해본다면 이 제안은 꽤 좋은 제안이라고 생각해. 거기에 덤으로 경제적인 유용성도 있지. 경제적 삶을 스스로 계획하고 운영하는 법을 일찍 배우고 실천하는 것이 현재의 작은 실리를 얻는 것보다 더 유익하다고 생각해.

축복, 나눔

좋은 가족을 가진 너는 삶에 대해 제안을 한다면, 너의 축복을 세상에 나누는 일에도 많은 관심을 가지라고 말하고 싶어. 사도행전의 초대 교회가 온갖 어려움 속에서도 그 생명력이 폭발적이었던 이유는 초대 교인들이 가지고 있던 삶의 방식이 이웃을 생각하고, 인간의 인격을 존중하고 그것을 실천하는 삶에 있었고, 그런 삶이 당시 로마와 주변 사회의 눈에는 경이로워 보였기 때문이야. 노예의 삶을 하나의 인간으로 인정해주고, 여자와 아이를 하나님의 백성으로 인정해주고, 소외되고 가난한 자들에 실제적인 도움을 주는 삶의 양식은 현재의 기준으로 봐도 고귀한 것인데, 아직 군주국가의 형태를 가지고 있던 2000년 전 로마 시대의 눈으로 본다면 얼마나 혁신적인 일이었겠어.

> **좋은 가족을 가진 너에게 주는 제안**
> 너의 축복을 세상에 나누는 일에 관심을 가질 것.

믿는 사람이 다 함께 있어 모든 물건을 서로 통용하고

또 재산과 소유를 팔아 각 사람의 필요를 따라 **나눠주며**

사도행전 2장 44~45절

상처 입은 가족

치유를 위한 여정

아픈 만남

이런 생각을 한 적이 있어. '인생이 TV 채널과 같다면 어떨까? 해결의 실마리가 보이지 않는 암담한 현실이 이어질 때, 리모컨을 눌러 채널을 돌리면 암담한 드라마가 예능프로가 된다면….'

나는 어린 시절에 대한 아픈 기억이 있어. 나는 삼 형제 중 둘째로 태어났고 위로 네 살 터울의 형이 있었지. 형은 '간질'이라는 희소 질환을 앓고 있었어. 간질은 일종의 뇌 질환이야. 아토피가 외부 자극에 과민반응을 하는 피부 질환인 것처럼, '간질'이라는 질환은 뇌신경이 어떠한 조건에 과민반응을 해서 발작 증상을 일으키는 거야. 멀쩡히 길을 가다가, 밥을 먹다가, 공부하다가 갑자기 발작이 오면 거품을 품으며 사지 경련을 하게 돼.

나를 힘들게 한 건 이런 신체적 증상이 아니었어. 이런 발작 증상은 10여 분이 지나면 안정을 찾고, 아무 일도 없던 것처럼 평상시 모습을 찾았어. 하지만 발작 증상을 완화하기 위해 복용했던 약은 일종의 신경안정제 같은 역할을 해서 극도의 정신적 불안정 상태를 만들었어. 술에 잔뜩 취한 사람과 대화를 시도해본 사람은 이 상황을 이해할 수 있을 거야. 집에서는 소란함과 사건 사고가 끊임없이 있었고, 나에게 집이라는 곳은 가능한 한 오래 머무르고 싶지 않은 곳이었어.

우리에게 가족은 이런 거야. 내가 원해서 만들어진 관계가 아니고, 불편하다고 해서 떼어버릴 수도 없는 존재. 만약 너에게 힘이 되고, 의지가 되는 가족을 곁에 두었다면 감사할 일이야. 하지만 때로는 아픈 만남도 있고, 이 만남도 너에게는 소중한 가족인 거야.

아프지만 사랑해

인간 사회가 야생 세계와 다른 것 중의 하나는 약자를 보호하는 사회적 장치가 있다는 거야. 야생을 주제로 한 다큐멘터리를 보면 동물들의 세계에서는 무리들보다 평균적으로 병약하거나 결함이 있는 개체는 부모로부터 버림을 받게 돼. 제한된 먹이와 척박한 약육강식의 세계에서 생존 확률을 높이기 위해서는 상대적으로 건강한 개체를 우선 돌보는 것이 자연의 섭리지. 하지만 인간은 약한 자를 오히려 더 보호하는 제도를 만들어왔어. 그 이유는 인간만이 물질 세계를 초월하는 영적인 인격을 가지고 있는 데 있어. 물질 세계의 결여는 주변 공동체에 의해 보상되어야 해. 이것을 우리는 인권이라고 하는 거야. 건강한 사회는 인권이 존중되는 사회야.

이상적인 사회는 모든 사람의 인권이 완벽히 보호되는 곳이야. 하지만 지구상 어느 곳도 완벽한 사회를 이룬 나라는 없어. 아마 하나님의 나라가 완성되기까지는 기대할 수 없을 거야. 그러면 그 역할은 누구의 몫일까? 바로 가족의 몫인 거야. 너의 가족을 아프게 하는 건 뭘까? 어떤 것이 너를 지치게 하고, 절망 속에 빠뜨리고 있는 거야?

상황과 정도는 다르겠지만, 세상 모든 사람들은 저마다의 상처를 가지고 있고, 또 가족의 상처를 보며 살아가고 있어. 어느 가족도 아무런 상처 없이 완전무결한 상태로 살아갈 수는 없어. 그런 일은 이 땅에서는 있을 수 없는 일이야. 다만, 어떤 가족은 상처를 자꾸 후벼 파거나 방치해서 점점 심하게 커지고, 어떤 가족은 상처를 잘 살펴 정성스럽게 치료하고 아물기를 기다려서 견딜 만한 상태로 만들어가고, 또 어떤 가족은 그 상처를 통해 외부의 공격에 더 단단한 가족으로 만들어가는 거야. 저마다의 방법으로 상처를 쓰다듬으며 살아가는 거지. 가족의 상처에 가장 효과 좋은 치료 약은 긍휼의 마음과 사랑이야.

치유를 위한 여정

너의 가족을 생각해봐. 어떤 마음이 떠올라? 그 마음에 따라 치유를 위한 여정은 다르게 펼쳐질 거야.

아프지만, 사랑해

'감당할 마음이 있고 감당할 만해. 하지만 고통이 있어. 가족을 생각하면 가슴이 저려와.' 이 경우는 희망이 있어. 가족에 대한 사랑이 있기에 인내할 수 있고, 작은 변화에도 희망을 품을 수 있어. 하지만 이런 경우는 그 짐이 너무 벅차면 견디다 못해 증오로 발전할 수 있어. 이런 경우 이미 충분한 애정을 가지고 있기에 현실에서는 약간은 관찰자의 입장이 되어보는 것을 권해. 중학교 때 그렇게 어렵기만 하던 방정식이지만, 시간이 지나서 보면 왜 그것을 이해하지 못했는지가 이해되지 않을 때가 있어. 먼발치에서 보면 사실 큰 문제가 아닌 것도 그 소용돌이 안에서는 해결의 실마리가 안 보이는 거지. 그래서 책임감과 자책감을 잠시 내려놓고 고통의 대상을 관망해보는 자세를 취하는 거야. 좀 냉정해 보일지 모르지만, 그런 자세가 아픔을 딛고 일어서는 작은 시발점이 될 수 있어.

지긋지긋해, 생각만 해도 화가 나

화가 많이 났구나. 너무 많은 짐을 지다가 지쳤을지도 몰라. 가족들 모두가 너에게만 기대고 모든 것을 너의 탓으로 돌리기도 하지. 우선 너의 화를 해결해야 해. 잠시 가족을 떠나보는 건 어떨까? 너 없이는 도무지 살아갈 수 없을 것 같은 진상 같은 가족이지만, 결국 인생은 다 각자의 삶의 무게를 가지고 살아가는 거야. 경제적인 문제라면 국가 기관이나 이런저런 단체에 도움을 좀 청해보고, 정서적인 문제라면 훌쩍 떠나서 너를 좀 돌아보면서 화를 분출해봐. 너 없이도 살아갈 수 있는 가족이 될 수 있도록 너 스스로를 가족과 분리해보는 건 어떨까? 너에게 어떤 일이 일어난다면 어차피 감당해야 할 자신들의 삶이니까. 스스로 살아갈 수 있는 방법들을 제시하고 실천해보는 건 어떨까?

하루하루 사는 게 힘들어. 당장 현실적인 도움이 필요해

주변에 도움을 청해봐. 의외의 도움이 기다리고 있을 수도 있어. 특히 경제적 어려움이라면 적극적인 도움 창구를 찾는 게 필요해. 네가 속한 교회는 좋은 창구가 될 수 있어. 도움을 받는 것을 부끄러워하지 말고, 신뢰할 만한 창구를 찾아 도움을 청해. 그리고 너는 또 다른 도움의 창구가 되는 거야. 그게 성경의 원리야.

죽. 고. 싶. 어

'외로워. 사실 많은 친구가 필요한 건 아냐. 내 말을 묵묵히 들어줄 그리고, 그 말들이 어디론가 번져나갈 것을 두려워하지 않아도 될 안전한 친구 한 사람이 필요해.' 혹시 너무 강한 척하다가 주변 친구를 다 떠나보낸 건 아닌지, 너무 내 넋두리만 하다 친구를 질리게 한 건 아닌지 생각해봐. 그리고 누군가의 믿을 만한 친구가 되어줘. 그러면 너에게도 묵묵히 함께해줄 친구가 생길 거야.

상처받은 가족의 문제는 너무 어렵네. 어찌 보면 나는 너만큼 많이 아파보지 않아서 쉽게 이야기하는 것일지도 몰라. 그런데 분명한 건 어떻게 하든지 극복해야 한다는 거야. 그게 삶이니까. 고통을 받지 않고 살기보다는 해결하기 위한 노력과 지혜가 필요해. 아직 우리 사회는 고통받는 가족을 위한 실제적인 도움 창구를 찾기가 쉽지 않아. 다행히

최근에는 가정 문제 상담이나 개인 심리 상담센터가 조금씩 생겨나고 있기는 한 것 같아. 조금 용기를 내고, 시간을 내서 도움을 받을 수 있는 기관을 찾아보기를 권해. 나도 이 분야에 도움이 될 만한 기관을 좀 알아봐야겠어. 많은 도움이 되지 못해서 미안해.

누구든지 자기 친족, 특히 자기 **가족을** 돌보지 아니하면
믿음을 배반한 자요 불신자 보다 더 악한 자니라

디모데전서 5장 8절

친구

Give & Take,
Give & Nothing

다 같은 친구?

'친구' 하면 떠오르는 얼굴이 있어? 우리는 살면서 몇 명의 친구가 필요할까? 친구의 얼굴을 떠올려봤어. 제일 먼저 떠오르는 한 명의 얼굴, 그 뒤를 이어 두세 명의 이름이 떠오르고, 그다음에 아내의 얼굴도 떠오르네. 수많은 사람을 만나고 관계를 맺어가지만 친구라 할 수 있는 존재는 그다지 많지 않아.

몇 년 전, 아들과 이야기를 나누다 어떤 친구가 있냐고 물어본 적이 있어. 그때 아들은 주저 없이 자신에게는 세 종류의 친구가 있다고 대답했어. 아는 친구, 노는 친구, 친한 친구. 친구에 대한 많은 정의가 있지만, 이렇게 직관적이고 확실한 친구의 정의를 접해본 적이 없었던 것 같아. 그래, 우리에게는 세 종류의 친구가 있어.

아는 친구 - 무리, 말 그대로 서로 알고 있고 어느 정도의 교감도 있는 관계지. 학교에서 한 반에 40명 정도가 있다면, 10여 명이 그 수준에 들어갈 것 같아. 특별한 감정이 섞이지 않은 관계여서 쉽게 만들어지기도 하고, 또 상황 변화에 따라 쉽게 잊히기도 하지. 그리고 시간이 지나고 문득 사진을 보다 추억 속에 떠오르는 그런 친구들이야. 즐거웠던 기억과 약간은 서운했던 감정들이 섞여 있기도 하지만, 그렇다고 그 관계가 나를 힘들게 하지는 않았던 한 무리의 친구들. 다시 만난다면 그 시절의 추억에 한참을 수다를 떨게 되는 친구들. 이런 친구들이 있어 우리의 일상은 풍부해지는 거지.

노는 친구 - 베프, 인생의 단계마다 그 시간을 함께했던 친구가 있어. 흔히 말하는 베프(베스트 프랜드)들이지. 같은 시간, 같은 공간을 가득 채우며 살아가는 친구. 어떤 경우는 가족과 함께 있는 시간보다 더 많은 시간을 보내는 친구들이지. 하지만 또 가장 많은 갈등을 만들어내는 관계이기도 해.

친한 친구 - 인생 친구, 특별한 이유와 목적이 없어도 그냥 만나게 되고, 또 한동안 아무 연락이 없다 문득 다시 만나도 계속 같이 있었던 것 같은 생각이 드는 친구지. 이해관계를 떠나 속마음을 주고받을 수 있는 관계야. 인생 친구라는 별칭을 붙이는 이유는 이런 친구들은 인생 여정에 길동무가 되기 때문이야. 그런 면에서 나는 아내도 친구의 범주에 넣을 수 있다고 생각해.

베프

　"외로워서 누군가를 만나면, 구속받는 것을 피하고 싶어 그 누군가를 떠나게 된다. 외로움은 함께 있어 극복되는 것이 아니라 홀로 설 때 사라지는 것이다."

　어디선가 읽은 글인데 많은 공감이 가는 표현이야. 우리는 친구가 있으면 외롭지 않을 것으로 생각해. 요즘 사회적으로 문제가 되는 자살 문제를 이야기할 때, 누구든 한 명만 그 곁에 있었다면 극단적인 선택을 하지 않았을 것이라고들 말하지. 그런데 정말 그럴까 싶은 생각이 들어. 정말 한 사람의 친구가 있었다면, 극단적인 선택을 막을 수 있을까?

　사실 너무 많은 친구에 대한 기대가 우리를 좌절하게 하는 건 아닐까? '어떻게 네가 나에게 그럴 수 있어? 내가 너에게 어떻게 했는데. 나를 이렇게 대하는 거야?' 우리가 말하는 친한 친구 베프에게 받는 상처는 대부분 지나친 기대감과 짝사랑의 결과물이야. 나는 그를 베프라고 생각했지만, 상대에게 나는 그냥 아는 친구일 수도 있어. 나는 몇 날 며칠을 고민하고 준비한 생일선물이지만, 너의 베프는 너의 생일조차 기억하지 못할 수도 있어.

　친구에 대한 지나친 기대나 환상이, 인생 친구를 만들고, 누군가의 인생 친구가 되어주는 데 걸림돌이 되는 건 아닐까?

인생 친구

나는 두 가지 관점의 인생 친구가 필요하다고 생각해. 그 하나는 너를 이끌어주는 친구, 흔히 말하는 인생 멘토를 만들어봐. 이 친구는 한계를 넘어서는 친구야. 같은 나이가 아니어도 상관없고 같은 지역에 살고 있지 않아도 돼. 심지어는 지금 이 세상에 존재하지 않아도 되고 쌍방이 아닌 일방적인 우정이어도 무방하다고 생각해. 이 친구는 너의 가치관에 영향을 주는 사람이야. 만남을 통해, 글을 통해, 매체를 통해 너를 성장시켜주는 사람, 그런 친구지.

만약 가능하다면 이런 친구와 쌍방의 관계가 될 수 있도록 적극적인 시도를 해봐. 이른바 덕질이라고 할 수 있지. 글을 보내고 공감해주고 너의 생각들을 적극적으로 표현해주는 거야. 단 스토킹이 되지 않을 수 있도록 배려하는 것 또한 필요해. 어떤 방법을 동원하든지 너의 인생 멘토 친구에게 너를 알리고 쌍방의 관계를 형성하는 노력은 너에게 큰 성장을 가져오게 할 거야.

나는 퇴사학교라는 곳을 통해 글쓰기에 입문했어. 첫 수업 날 우리는 모두 '작가'라는 호칭을 부여받았지. 그리고 1년이 지나 이렇게 너희들에게 내 이야기를 쓰는 작가가 되었어. 나보다 젊은 사람이었고, 단 몇 번을 강사와 수강생의 관계로 만난 사이였지만, 나는 그 강사를 친구라고 생각해. 그래서 강의가 끝나고 정말 작은 선물이었지만 SNS 선물 기능을 이용해서 마음을 표현했어. 그 강사와 뭔가 연결의 끈을 만들고 싶었던 거야. 그 후 글쓰기에 대한 상황을 SNS에 올릴 때 강사의 격려와 코멘트를 통해 멈추지 않고 출간까지 해낼 수 있었어.

또 하나의 친구는 그냥 친구지. 더 이상의 부연 설명이 필요 없는 그냥 친구. 이 친구는 너의 세세한 부분까지도 공유할 수 있는 친구야. 그 세세함이라는 것이 시시콜콜 너의 모든 생활을 알아야 한다는 것은 아냐. 그런 것은 오히려 앞에 이야기했던 베프(같이 노는 친구)가 더 많이 알고 더 많이 공감할 수 있을 거야.

인생 친구는 그런 것보다는 더 근본적인 것에 대한 공감이 필요해. 너의 약점을 알고 있고 그렇지만 그 약점을 이용하는 것이 아니라 그 약점을 커버해줄 수 있는 친구지. 사실 그런 친구는 쉽게 만들어지지 않아. 그 유명한 "브루투스, 너마저"를 외치며 죽어가던 셰익스피어 (William Shakespeare) 희곡의 주인공 줄리어스 시저(Julius Caesar)조차 만들지 못했던 것을 보면, 우리의 약점을 드러내도 좋을 친구를 만났다는 건 인생에서 큰 행운이야.

이런 친구는 그냥 만들어지는 건 아니라고 생각해. 긴 시간과 많은 갈등과 삶의 공유를 거쳐야 가능할 거야. 그래서 그런 친구가 되고 싶은 사람을 만났다면, 먼저 다가서는 것을 주저하지 말아야 해. 그가 내게 다가오기 전에 먼저 그의 친구가 되어주는 것이지. 이 관계에서 중요한 것은 'Give & Take'가 아닌 'Give & Nothing'의 마음 자세야. 나는 그에게 나의 마음과 생각을 나누고, 그것을 돌려받을 것은 아무것도 기대하지 않는 마음. 예수의 사랑은 이런 친구 관계를 말하고 있는 것이 아닐까?

하나, 인생 멘토를 만들어. 멋진 멘토를 만났다면 그 관계가 비록 짝사랑 일지라도 그 사랑에 대해 너의 멘토가 인지할 수 있도록 작은 연결의 끈을 만들어놓으면 어떨까? 그러면 일대일 밀착 멘토링의 행운을 얻을 수 있을 거야.

둘, 너의 속을 보여줘도 될 만한 사람을 만났다면 그것은 인생의 큰 행운이 야. 그 기회를 잡기 위해 먼저 손을 내밀어봐. 그가 다가오기 전에 네가 먼 저 그의 인생 친구가 되어주는 거야. 시간이 많이 지나면 어느새 그는 너에 게 인생 친구가 되어 있을 거야.

셋, 친한 친구(베프)에 대해 너무 많은 기대를 걸지 말자. 외로움은 함께함 으로 극복되는 것이 아니라 홀로 설 때 사라지는 것이니까. 'Give & Take'를 기대하지 말고 'Give & Nothing, But I'm OK' 하는 거야. 그럼 베프가 어느새 인생 친구가 되어 있을 수도 있어.

친구는 사랑이 끊어지지 아니하고

형제는 위급한 때를 위하여 났느니라

잠언 17장 17절

이웃사촌

함께할 축복

생활의 터전 – 일상

"이웃이 땅을 사면 배가 아플까?" 사람들은 이웃이 나와 같은 물건을 가지고 있을 때, 넌지시 값을 물어보는 경향이 있어. 그 가격이 내가 구매한 가격보다 저렴한 경우, 배 속 저 아래부터 부글부글 끓어오르는 불편한 감정을 경험해봤을 거야. 그런 상태를 쉽게 표현하면 '배가 아프다'가 될 거야. 분명 제품을 구매할 때 이런저런 조건을 다 살폈고, 충분히 만족할 만한 가격이라는 판단으로 제품을 구매했을 거야. 내 것과 유사한 이웃의 물건을 보기 전까지는 꽤 만족한 구매였다고 생각했음에도, 이웃이 내가 구매한 것보다 저렴한 가격에 구매했다는 사실에 은근히 배가 아파지는 거야. 그래서 보상심리로 정품 여부를 들먹이고, 눈에 보이지도 않는 제품의 하자를 언급하고, 모델 번호를 빌미로 이런저런 이유로 이웃의 제품과 자신이 제품이 같지 않다는 결론

내리기에 몰두하지.

이웃이라는 말에는 나와 비슷한 처지라는 암묵적 전제가 있는 거야. 나와 비슷한 생활의 터전을 공유하고 그 안에 비슷한 일상을 만들어가는 사람들이지. 그래서 이웃과 끊임없이 비교하게 되고, 상대적 우월감과 상실감을 더 많이 느끼게 되기도 해.

세상의 이웃 – 크리스천의 문제

대학 시절, 《하나님 나라》라는 책을 접하면서 그때까지 계속 추구하던 '죽어서 천국 가자'의 신앙의 관점이 '이 세상에 하나님 나라를 확장하자'라는 관점으로 바뀌게 되었어. 하나님이 통치하는 나라에서 크리스천은 그 일을 실행하는 역할 수행자라는 생각을 하게 된 거야. 정부가 정책을 세우고 실행하기 위해 공무원이라는 직무가 필요하듯이, 하나님의 나라 확장을 위해 하나님 나라 공무원이 필요한 거야. 그 공무원의 역할과 자세는 사회 변화와 함께 변해가야 해.

어린 시절, 동사무소나 경찰서를 방문하는 일은 그다지 유쾌한 일이 아니었어. 민원인에게 고압적인 태도를 취하는 공무원을 흔히 볼 수 있었고, 뭔가 훈계를 듣는 듯한 입장이 되는 것은 유쾌한 일이 아니었지. 일반인들에 비해 행정지식과 체계적 업무 능력이 우위에 있던 공무원들이 무지한 민원인들에게 군림하려는 태도를 보였기에 관공서를 방문한다는 것이 불편했던 것이지. 하지만 국민의 교육 수준은 세계 최고이고, 경제력도 세계 10위권 근방에 있는 현재, 대한민국에서 공무원은 더 이상 고압적인 자세로 민원인들을 대하지 않게 되었어. 시대적 사회적 변화가 역할의 변화와 자세의 변화를 이끌어낸 것이지.

그러면, 한국 땅에서 크리스천이 세상의 이웃을 대하는 자세는 어떻게 변했을까? 근대화 초기 서방 사회를 통해 전파된 기독교의 영향으로 한국의 초기 크리스천은 이 땅의 평범한 국민들보다 한발 먼저 과학적 사고와 합리적 가치관을 받아들였어. 서방 문화의 교육과 문명의 혜택을 먼저 접한 크리스천들에게 미신에 빠지고 게으름에 젖어 있던 우리 사회는 가르치고 이끌고 갈 계몽의 대상이었지. 그 결과, 크리스천들은 자연스럽게 선생 역할에 길들여지게 되었어. 이웃과 함께하기보다는 이웃을 가르치는 데 익숙해졌고, 시간이 지나면서 이웃에 대한 긍휼의 마음보다 내가 더 우월하다는 선민의식에 빠지게 되었지. 더 많은 교육 기회를 통해 얻게 되고, 좀 더 높은 지위와 경제적 형편으로 인해 가지게 된 자부심이 변질되어 자만감이 되고, 우리의 이웃에게 크리스천의 이미지는 교만하고, 말이 앞서는 집단의 이미지로 굳어진 거야.

21세기 한국은 더 이상 무지하고 몽매한 사회가 아니야. 이 나라 국민은 세계 어느 나라보다 훌륭한 교육을 받았고, 성숙한 사고력과 판단력을 가지고 있는 나라로 성장했어. 그런데 크리스천 사회는 오히려 19세기 기독교 세계관의 프레임에 갇혀서 변화하는 세상에 적응하지 못하는 소통 부재의 집단이 되어가고 있어. 마치 지구의 자전과 공전을 발견하고 세상에 알리려는 갈릴레이(Galilei)를 신성모독으로 종교

재판에 회부하는 17세기 가톨릭의 우둔함을 반복하고 있는 거지. 폐쇄적이고 상식적인 의사소통이 불가능한 세상과 동떨어진 집단으로 인식되고, 이웃으로부터 배척의 대상이 되어가고 있는 것이 현실이야. 사이비 종교에 현혹된 사람들이 보이는 맹목적인 신앙으로 사회적 좀비와 같은 신앙인을 흔하지 않게 만나게 돼.

회복 – 환영받는 이웃

크리스천이 세상과 다르게 사는 살아가는 데는 분명한 이유가 있어. 세상은 이 모든 것이 우연과 운명이라고 생각해. 특별한 목적이 없는 것이기에 각자의 방향대로 살아가면 되는 거야. 그래서 삶에서 절대적 진리나 방향성은 존재하지 않아. 목적지가 없는 달리기와 같이 각자 주어진 대로 때로는 열심히, 때로는 쉬엄쉬엄 살아가면 되는 거야. 하지만 크리스천은 삶의 목적이 분명해. 이 땅에 하나님의 나라가 충만해지는 것, 그것이 우리의 유일한 목표야. 우리는 그 목표를 실현하는 행동 대원들이고. 하나님의 나라는 나를 통해 이웃으로 확장되어나가는 거지. 많이 들어왔던 복의 통로가 된다는 것은 이 역할을 맡아 전달자가 되어야 한다는 거야.

이런 삶의 목적을 위해 우리의 삶의 자세를 재정비해야 해. 이웃에게 먼저 다가가서 이웃이 되어주어야 하고, 크리스천 공동체는 일관성 있는 방향을 가르치는 이정표가 되어야 해. 그런데 최근 교회 공동체는 그 역할을 잊고, 그 방향성에 혼선을 빚고 있어. 빛이 빛을 잃고 소금

이 맛을 잃은 상황이지. 교회가 세상의 이웃에 아무런 방향을 제시하지 못하는 세상이 되었어.

우리는 회복하고, 이 시대의 이웃에게 환영받는 존재가 되어야 해. 그런 회복을 위해 우리의 자세를 제안해본다면,

첫째, 문화적 합의에 대한 예의를 지켜야 해. 이 시대는 계몽의 시대가 아니야. 이미 세상도 충분히 이성적이고 합리적인 판단을 할 수 있을 만큼 성장했어. 단지 하나님을 모른다고 해서 세상의 과학적 성과를 부인해서는 안 돼. 성경에서 미처 이야기하지 않은 것들(성경이 쓰일 당시 미처 알지 못했고, 당시 사람들의 지식으로 이해할 수 없어서 생략되거나 우화적으로 표현된 사실들)을 배척할 것이 아니라 받아들이고, 성격의 원리에 의한 재해석이 필요해. 예를 든다면 인류의 역사를 구약 4,000년, 신약 2,000년의 6,000년 역사로 한정 지어서 이해하려는 무리한 시도는 이제 그만 접어야 하지 않을까?

둘째, 이웃이 되어주기(돌아봄, 나눔)야. 교회가 있으면 집값이 내려간다는 슬픈 현실을 어떻게 극복할까에 대한 고민이 필요해. 교회가 얼마나 이기적인 집단이고, 교회가 지역사회의 필요에 얼마나 무관심했는지, 우리만의 리그에서 우리만의 자축 파티에 취해 있었는지 반성하고 세상의 이웃이 되어주어야 해. 선한 사마리아 사람과 같은 이웃이 되어주는 것이지.

셋째, 복음의 확장을 위해 썩어가기. 교회가 빛나고 예수는 욕먹는

그런 복음 사역은 이제 그만하고, 교회는 썩어가고 그로 인해 예수가 드러나는 사역들을 활발히 개발해야 해. 그 역할을 위해 기꺼이 우리의 기득권은 기꺼이 포기해야 해.

너희 각 사람은 자기 **이웃을** 속이지 말고
네 하나님을 경외하라 나는 너희의 하나님 여호와이니라

레위기 25장 17절

교회 가족

슬기로운 교회 생활

이웃도 아닌, 가족도 아닌

크리스천들에게는 혈연으로 맺어지지 않은 또 하나의 가족이 있어. 우리는 이 가족을 교회 공동체라고 하지. 사도행전에 나타난 초대 교회 성도들의 모습을 통해 교회 가족 공동체의 이상적인 모습을 그려볼 수 있어.

> "믿는 무리가 한마음과 한뜻이 되어 모든 물건을 서로 통용하고 자기 재물을 조금이라도 자기 것이라 하는 이가 하나도 없더라."
>
> [사도행전 4장 32절]

성경에서 이 공동체는 '서로의 필요를 통용'한다고 표현하고 있어.

우리가 교회를 세우고, 공동체가 되어 한 몸이라고 말하며 교회에서 형제, 자매라는 호칭을 사용하는 배경에는 이런 관계로까지 공동체가 하나가 되기를 바라고 있는 거야. 그런데 우리의 실제 교회 생활은 어떨까?

동상이몽 가족

매주 일요일 우리는 교회에 가지. 교회에 가는 제일 중요한 목적은 예배에 참여하기 위해서야. 일요일, 교회 안에는 세 부류의 사람들이 분주하게 움직여.

한 부류는 예배를 인도하는 사역자들이지. 예배의 절차를 준비하고, 진행하고, 설교 시간을 통해 하나님의 말씀을 선포하는 일들을 해. 이들은 사실 일주일 중 많은 시간을 이 하루를 준비하기 위한 시간을 보내. 이 예배 시간이 이들 삶의 메인 이벤트인 거야.

두 번째 부류는 예배 봉사자들이야. 교회의 곳곳에서 예배를 위해 분주한 시간을 보내. 직접 예배 순서에 참여하는 성가대, 악기 세션 등도 있고 보이지 않은 곳, 예를 들면 주방의 조리기구, 싱크대 등에서 자리를 잡고서 예배를 위해 교회로 몰려드는 교회 가족을 위한 일들을 준비하고, 서비스하지. 이들은 한 주간 각자의 일상에서 분주한 삶을 살았어. 그리고 오늘은 일상과는 또 다른 하루를 살고 있어. 이들은 교회 가족의 핵심 구성원으로 교회의 근간이 되면서도 가장 많은 갈등을 겪고, 상처를 입는 사람들이지. 건강한 교회라는 것은 이 부류 공동체의 건강 상태로 판정된다고 할 수 있어.

세 번째는 예배 관람자들이야. 잘 준비된 공연을 관람하는 마음으로 오직 예배를 위해 교회에 방문해. 일부는 교회 공동체와 일정한 수준의 관계를 맺기를 원하고, 일부는 예배 이외의 일들에 엮이고 싶지 않아서 축도의 아멘 소리와 함께 후다닥 교회를 떠나지.

이렇게 서로 다른 입장과 생각과 태도로 모여 동상이몽의 하루를 보내는 것이 일요일 교회의 풍경이야. 그리고 이 공동체를 한 단어로 '교회 가족'이라고 표현해.

쇼윈도 가족

가족도 아니고 남도 아닌데, 마치 이웃 같기도 하고 가족 같기도 한 관계. 서로서로 형제님, 자매님이라는 호칭을 쓰며 호들갑 떨며 반가운 모습을 보이는 관계. 무척 친해 보이지만, 조금만 같이 지내보면 공유하는 부분이 지극히 제한적인 관계이기에 교회 가족의 정체성에 관한 고민을 하게 돼. 교회 안에서 만날 때 우리는 정말 아무 일도 없었던 것처럼 웃는 얼굴로 서로의 평안을 묻고, 은혜를 감사하고, 악수를 해. 손바닥을 통해 전해지는 상대의 온기 저편에 있는 고민과 갈등은 서로 알고 싶지 않고, 알려주고 싶지도 않아. 그렇게 적당히 보여주고 싶은 부분만 보여주는 관계를 '쇼윈도 관계'라고 하지. 교회 가족은 상당 부분 쇼윈도 가족인 거야.

어느 날 문득 교회를 떠나는 가족을 만나도, 우리는 구체적인 이유를 알려고 하지 않지. 그런 건 묻지 않는 것이 예의라는 불문율이 교회 안에서 존재하는 거야. 아무런 문제가 없어 보이는 공동체 안에서 상처받고, 상처받은 영혼이 위로받지 못하는 교회. 계속 이렇게 유지되는 게 피차 편하니까 이대로 거리를 유지하는 게 최선의 모습일까?

슬기로운 교회 생활

교회 가족 안에서 슬기로운 교회 생활을 위한 몇 가지 제안을 해 볼게.

첫째, 가면 벗기. 크리스천에게 있어 평상시 자신의 모습과 가장 이질적인 모습을 보이는 장소가 교회 아닐까? 과장되고 포장된 거룩한 미소보다는 자신의 실제 모습을 그대로 드러낸 투명한 얼굴로 교회 가족을 대하기를 권해. 한 주간의 살아감 속에서 실망했던 일, 기뻤던 일을 가감 없이 이야기하고, 그 속에서 버티어낼 수 있었던 이유를 찾는 사람이 진정한 예배자 아닐까? 그렇다고 보는 사람마다 징징거리라는 이야기가 아니야. 가톨릭에서는 미사에 참가하기 전에 신부 앞에서 고해 성사를 하지. 다분히 의식적이기는 하지만 최소한 이 순간은 자신 앞에 솔직해지는 시간이지. 예배의 자리, 공동체의 자리에서 속을 알 수 없는 미소로 가면을 쓰고 서로를 대하지 않았으면 좋겠어.

둘째, 주변 돌아보기. 주일 예배를 마치고 주변을 한번 둘러봐. 저마다 다른 표정의 이웃들이 보일 거야. 조금만 애정을 갖고 주변을 돌아보면 평소와 다른 모습으로 서 있는 이웃을 찾을 수 있을지 몰라. 아니면 너의 마음에서 느껴지는 하나의 울림이 있을 수도 있어. 그럴 때, 이런저런 생각하지 말고 그저 그 울림이 가는 한 사람에게 따뜻한 애정을 담은 한마디 안부를 물어봐. 이례적이고 형식적인 인사를 넘어서는 진실한 안부. 처음에는 어떻게 다가가야 할지, 어떤 마음을 가져야 할지 잘 모를 수 있어. 하지만 긍휼의 마음도 훈련하면 자랄 수 있어. 긍휼의 은사를 기대하며 오늘도 주변을 돌보는 일을 멈추지 않기를 권해.

셋째. 용납하기. 내가 경험하고 규정한 것보다 인생의 국면은 훨씬 더 복잡하고 다양해. 섣부른 판단과 조언으로 상처 주기보다 용납하며 기다리고 감싸주는 마음이 필요하지. 때로는 도저히 같이할 수 없을 만큼 싫은 지체가 있다면, 사랑할 수 없으면 용납이라도 하자는 마음으로 교회 공동체를 대할 수 있기를 바라.

> 슬기로운 교회 생활을 위한 제안
> 하나, 가면 벗기.
> 둘, 주변 돌아보기.
> 셋, 용납하기.

만일 한 지체가 고통을 받으면 모든 지체가 함께 고통을 받고

한 지체가 영광을 얻으면 모든 **지체**가 함께 즐거워하느니라

고린도전서 12장 26절

내 삶의 1/3

한배를 타다

주변을 둘러싼 존재들 중에 직장 동료 그룹이 있어. 이 이웃은 어떻게 보면 남에 가까운 사람들이야. 혈연을 매개로 한 친척이나 신앙을 매개로 한 교회 공동체와는 다르게 생계를 위한 현실적인 이유로 맺어진 이웃이지. 하지만 이 이웃은 어떻게 보면 가족보다 더 많은 시간을 보내는 존재들이야. 그래서 동료와의 관계는 내 생활의 질을 결정하는 데 큰 영향력을 발휘해.

일과 중 법정 근로시간만 해도 8시간이지. 기본적으로 근무 전후 30분은 회사에 있고, 식사 시간을 포함하면 직장 안에 머무르는 시간은 최소 9시간이야. 불과 4~5년 전까지만 해도 평균 12시간은 회사 안에 머물렀어. 하루 24시간 중 출퇴근에 걸리는 시간 2시간, 잠을 자고 기본적인 생활을 하는 데 필요한 시간을 8시간이라고 하면, 하루 중 회사 이외의 장소에서 누군가를 만날 수 있는 시간은 최대로 잡아도 4~5시간 남짓인 거야. 그렇다면 내 인생에서 상당 부분을 회사 동료와 함께 보내고 있는 거지. 나는 현재 직장에서만 25년을 일했어. 내 인생에서 회사라는 한배를 탄 동료와의 인연은 어마어마한 것 아닐까?

갈등

직장인들이 이직을 결심하게 되는 동기에는 급여 수준, 업무적성, 불투명한 미래에 대한 불만 등의 이유도 있지만, 동료와의 갈등이 중요한 요소 중 하나야. 그 상대가 상사든, 동료든, 후배든, 아니면, 업무 파트너든지 간에 직장 내 인간관계에서 겪는 갈등은 이직을 생각하게 하는 중요한 요인 중 하나지.

직장 내 인간관계에서 갈등을 겪는 요소에는 어떤 것들이 있을까? 조직에는 어느 곳이나 고문관이 하나씩 있다고 해. 만약 내가 속한 조직에 고문관이 한 명도 없다면, 바로 그 말을 하는 당사자가 고문관이라는 우스갯소리도 있지만, 갈등 요소가 없는 사회는 존재하지 않아. 갈등을 유발하는 동료의 세 가지 유형을 생각해봤어.

첫째, 독불장군, 말이 통하지 않음
둘째, 게으름(무능함), 일을 전가함
셋째, 정치가, 책임은 회피하고 성과는 독식함

뱀파이어를 제거하라

"에너지 뱀파이어를 제거하라." 이 말은 존 고든(Jon Gordon)의 《에너지 버스》에 나오는 문구야. 너의 조직이 가지고 있는 목표를 향해가는 버스에서 지속해서 조직의 에너지를 소모시키고 수시로 정차하게 만드는 사람이 있다면, 과감히 그 사람을 조직에서 제거하라는 조언이야. 나는 이 말에 100% 공감해. 그렇지만 자신이 회사의 주인도 아니고, 인사 권한이 있지도 않다면 이런 동료를 어떻게 대해야 할까 고민이 될 거야. 하차시킬 수 없는 에너지 뱀파이어를 대하는 대안을 생각해봤어.

첫째, 그가 상사인 경우

이 경우는 오히려 비교적 간단한 대응이 가능해. 어차피 조직의 상사이기 때문에 성과에 대한 책임도 그 사람에게 있지. 그러니까 너무 저항하려고 하지 말고 지시에 따르는 것에 충실할 필요가 있어. 직장 상사를 똑부, 똑게, 멍부, 멍게의 네 종류로 분류할 수 있다는 유머가 있어. 각각 똑 – 똑똑함, 멍 – 멍청함, 부 – 부지런함, 게 – 게으름의 약자야. 이 중에서 우리를 가장 피곤하게 하는 유형은 멍부의 경우야. 정확한 판단 능력이 없는데 부지런한 경우, 쓸데없는 소모적인 일을 끊임없이 만들어내고 심지어는 조직의 자원을 손실하게 만드는 지휘관이야. 하지만 그 책임은 그 지휘관을 그 자리에 앉힌 그 상부 계층이 져야 할 몫이야. 속이 좀 터질지 모르지만, 나를 피곤하게 하는 상사를 만났다면, 그 상사의 지시에 충실히 따라주는 게 답인 것 같아.

둘, 동료인 경우

이 경우는 대등한 관계에서 갈등 요소를 해결하기 위한 시도가 필요해. 조금 불편한 관계가 될 수 있겠지만, 서로의 차이를 분명히 인식하고 경계선을 만들어놓는 것이 덜 피곤할 수 있어.

셋, 부하직원 또는 후배 사우인 경우

나는 이 경우가 제일 어려운 것 같아. 내가 생각하는 기대치가 있는데 때로는 이 기대와 어긋나는 후배를 만났을 때, 또는 너무 잘나서 내 능력으로 통제 불능인 경우도 있어. 직접 말을 하자니 서로에게 상처가 되거나 갑질을 하는 것 같은 불편함이 느껴지는데, 그대로 덮어두고 가려면 내가 감내해야 할 부담이 점점 가중되지. 이런 경우, 개인적인 친밀감을 높이기 위한 다양한 시도가 필요해. 우선 구체적인 칭찬, 기대하는 결과물에 대한 세밀한 가이드, 적시의 중간 점검과 격려 등으로 좋은 관계를 맺고, 어느 정도 관계 형성이 된 후 너의 생각과 기대를 전달하고 같이 갈 것을 제안해봐.

그리고 이 모든 것에 반드시 더해져야 할 것은 진실함이야. 세상은 정의가 승리하는 것이 아니라 승리한 자가 정의라고 말하지만, 성경적 원리는 승리와 무관하게 하나님 공의 안에 거하는 거야. 진심을 가지고 변화를 기대하며 인내심을 가지고 함께 가는 거야.

에너지 뱀파이어와는 이별을 고하자. 하지만 적의를 품지는 말자. 이별이 불가능하다면 경계 벽을 쌓자. 일정 거리를 유지하는 거야.

그런즉 아볼로는 무엇이며 바울은 무엇이냐

그들은 주께서 각각 **주신 대로**

너희로 하여금 믿게 한 사역자들이니라

고린도전서 3장 5절

남

세상의 시선

허세, 배려

남의 시선을 의식하는 데는 두 개의 마음이 있어. 하나는 상대방에게 과시하고자 하는 허세와 다른 하나는 상대방에게 상처를 주지 않기 위한 배려의 마음이야. 이 두 개의 마음은 상대의 눈으로 나를 본다는 점에서 공통점이 있지만, 그 결과는 전혀 다른 양상으로 나타나게 돼.

과시욕은 끊임없이 나를 과장하게 되지. 내 소득 수준에 비해서 과분한 차를 사고, 옷을 치장하고, 액세서리를 몸에 지니며 나를 드러내기에 몰두해. 과시 욕구가 충족되지 않으면 한없이 불행해지고 스스로를 비참하게 생각하게 돼. 그리고 자신의 마음과 동일한 눈으로 상대방을 평가해서 외모나 보이는 행색으로 상대방을 판단하지.

배려심은 좋은 인성이기는 하지만, 이런 마음이 너무 크게 작용하면 주저함이 많아지고, 결국은 결정 장애를 겪게 돼. 중요한 인생의 순간, 누군가를 도와야 할 골든타임 등에서 주저하다 기회를 놓치고 후회하는 일들이 많아지지.

우리는 끊임없이 주변 사람의 눈치를 살피며 주변의 반응에 민감하게 영향을 받으며 살고 있어. 소문이라는 것이 여러 사람의 입을 거쳐가면서 조금씩 과장되는 것을 보면, 우리의 무의식에는 과시하고자 하는 성향이 있다는 생각이 들어.

정글 같은 생존 경쟁 사회에서는 남들보다 강해 보이고, 동족들보다 눈에 띄는 외모를 갖추는 것이 생존과 번식에 유리한 측면이 있었지. 그래서 더 큰 뿔과 더 크고 화려한 깃털을 가지게 되곤 하는 거야. 문명을 가진 인간 사회에도 이런 본능적인 생존전략은 유효해. 그래서 우리는 실제 자신의 능력을 상회하는 소유를 추구하게 되고, 그것이 충족되지 못한 상황에서는 마치 그런 것을 소유한 것처럼 허세를 부리게 되지.

"왕년에 금송아지 한 마리 키우지 않은 집이 어디 있어?"라는 비아냥 속에는 허세를 부리는 상대에 대한 불편한 마음이 담겨 있는 거지.

남의 시선에서 자유롭기

하루에도 수많은 사람이 나의 주변을 스쳐 지나가. 어떤 경우는 매일매일 반복되는 스침이 있음에도 인식하지 못하는 경우도 있고, 어떤 경우는 단 한 번 마주친 상황에서도 뇌리에 깊이 박혀 오래오래 그 장면이 기억나기도 해. 하지만 어떤 경우든 결국 남은 남일 뿐이야. 가족이나 이웃, 동료와 달리 남은 스쳐 지나가는 바람과 같아.

한껏 차려입고 멋진 모습으로 거리에 나가서 지나가는 사람들의 시선을 한 몸에 받는 것은 분명 기분 좋은 일이야. 멋진 스포츠카를 타고 도로를 질주할 때 주변에서 들리는 감탄사는 나를 신나게 하지. 그렇지만 그 스쳐간 사람들의 기억 속에 나는 얼마나 오래 남아 있을까? 그들은 그저 그 한순간의 번쩍이는 감성을 느꼈을 뿐이야. 오히려 그 감탄사는 내 마음속에 더 오래 맴돌고 있을 거야.

배려심의 경우도 같다고 봐. 정말 도움이 필요한 이웃에 대한 실제적인 도움은 별개의 문제로 본다면, 스쳐 지나가는 남을 배려하기 위해 소모한 나의 정신적 에너지 손실에 비해서 얻게 되는 유익은 그다지 크지 않아. 예를 들면, '멀리서 뛰어오는 사람을 보고 엘리베이터의 문이 닫히지 않도록 열림 버튼을 누르고 있을까? 아니면 빨리 올라가기를 기다리는 사람을 위해 닫힘 버튼을 누를까?' 많은 갈등을 하고 있는 자신을 생각해 봐. 열림 버튼을 누르고 있는데 동승한 사람이 짜증을 내고, 멀리서 뛰어오던 사람은 엘리베이터가 번잡한 것을 보고는 타지도 않고 그냥 기다리고 있다면 어떤 마음이 들까?

남의 시선에 신경이 쓰이는 너를 위한 제안

'남들은 네가 생각하고 기대하는 것보다 훨씬 가볍게 너에 대해서 생각하고 있다'는 것을 명심해.

단지 좋은 평판을 얻기 위해, 남의 눈에 좋아 보이기 위해 너를 치장하고 과장할 필요는 없어. 그렇게 소모할 에너지가 있다면, 너 자신과 가족과 관계를 맺고 있는 이웃을 위해 더 많은 에너지를 써봐. 그러면 너와 주변의 삶이 훨씬 풍성해질 거야.

어른이라고 지혜롭거나

노인이라고 정의를 깨닫는 것이 **아니니라**

욥기 32장 9절

4장 ——— '소유'를 대하는 자세

주인이 그중의 한 사람에게 대답하여 이르되

친구여 내가 네게 잘못한 것이 없노라

네가 나와 한 데나리온의 **약속을** 하지 아니하였느냐

마태복음 20장 13절

재물

돈을 버는 이유

얼마면 부자일까?

"너는 부자의 기준을 어떻게 생각해?"

머니투데이라는 기관에서 매년 한국인이 생각하는 부자의 기준에 대해서 조사를 해. 2020년 6월 조사 결과, 총자산이 '10억 원 이상이면 부자다(35%)', '30억 원 이상이면 부자다(15%)', '100억 원 이상이면 부자다(10%)'라는 응답이 나왔어.

부자라는 것은 매우 상대적인 개념이야. 우리가 마치 공부를 잘한다고 하는 기준과 같은 거지. 한때 한국 사회에 많은 충격을 주었던 '카이스트 학생의 자살' 사건이 있었어. 2011년에만 네 명의 학생이 자살을 했고, 그 후 2016년까지 열한 명이 자살을 했어. 대한민국 최고의 영재들이 모인다는 카이스트에서 발생한 자살의 원인이 성적 비관이라는 사실은 많은 것을 생각하게 해.

세계 76억 인구 중 1일 소득 2달러 미만의 인구가 6억 3,000만 명이라는 보고가 있어. 9% 가까운 인류가 한 달 7만 원 이하의 소득으로 살아가고 있는 거지. 우리가 내는 한 달 통신료 수준으로 의식주를 해결하고, 자녀를 부양하고, 질병과 싸워야 하는 거야. 그렇다면 부자의 기준은 얼마로 잡아야 할까?

부유함의 장단점

부유하다는 것은 참 많은 유익을 가지고 있어. 할 수 있는 일이 많다는 거야. 하지만 부유함은 우리의 눈을 어둡게 해. 내 경험상 재물은 우리의 눈이 가자미처럼 하늘을 바라보게 하는 능력이 있는 것 같아. 스스로 레벨이라는 선을 그리고, 그 선 아래는 보지 않으려는 거지. 네가 쇼핑을 하는 상황을 생각해봐. 통이 큰 친척분께서 졸업 기념으로 옷을 사 입으라고 100만 원을 주고 가셨어. 너는 그 돈으로 그에 걸맞은 옷을 찾으러 매장을 찾아다닐 거야. 평상시 같으면 좌판 매대에서 득템을 위해 시간을 보냈겠지만, 오늘은 그런 건 눈에 안 들어오는 거지.

부유함은 우리의 하방 시야를 좁게 해. 그래서 크리스천은 부유함에 처할 때 위기가 오기 쉬워. 예수가 가르친 삶은 본질적으로 낮은 데로 향하는 삶인데, 그 방향을 보는 눈이 가려지는 것이지.

가난함의 장단점

반대로 가난함은 우리가 주변을 돌아볼 수 있는 공감 능력을 갖추게 해줘. 내가 궁핍한 그것만큼 궁핍에 처한 이웃을 알 수 있지. 하지만 가난하면 할 수 있는 일이 그만큼 적어져. "아프냐? 나도 아프다" 이런 비극이 찾아오는 거지. 마음은 가난하고, 능력은 부자인 조합이 이상적인 것 같네.

'돈'을 모으고 싶어요

아쉽게도 나는 부자가 아니어서 이 질문에 대한 답을 해주기에는 적합하지 않지만, 원론적인 이야기를 한다면 돈을 모으기 위해서는 지출보다 수입이 많아야 해. 그럼 선택은 둘 중 하나가 되겠지. 수입을 늘릴 것인지, 지출을 줄일 것인지.

잠깐 고민을 해볼까? 차를 사는 건 수입일까? 지출일까? 차를 사는 행위는 소비 행위야. 차를 한 대 사서 운행하면 1년에 최소 600만 원이 소비돼. 통계적으로 차는 1년에 15% 감가상각이 발생해. 2,000만 원에 구매한 차량은 300만 원의 감가상각이 발생하는 거지. 그리고 보험료 100만 원, 한 달 유류비 20만 원만 해도 600만 원이 훌쩍 넘어버리지. 단지 나의 과시를 위해 차를 구매한다면(이런 사람을 카푸어라고 해) 이건 잘못된 거야. 하지만 어떤 후배는 배우자를 찾기 위해 차를 샀어. 매우 슬픈 현실이지만 차가 있으면 연애에 성공할 확률이 높아지거든. 그리고 이 친구는 결혼에 성공했지. 1년 500만 원의 경비를 결혼에 투자

한 거야.

대여(렌탈)받은 것

그래서 어떻게 하라고? 이런 질문이 하고 싶을 거야. 돈을 대하는 자세를 분명히 해야 한다는 거야. 예수의 사람에게 주어진 것은 내 영을 빼고 모두 잠시 대여받은 거야. 거창하게 말하면 청지기라고 하지. 돈, 시간, 친구, 가족 모두가 주어진 삶을 살아갈 동안 누리고 살기 위해 나에게 대여된 것이지. 어떤 사람은 그 대여받은 것들로 주변을 돌아보며 30배의 삶을 누리고(30명의 삶을 돌보고), 어떤 사람은 100배의 삶을 누리지만, 어떤 사람을 자신에게 주어진 그것조차 창고에 쌓아두고는 헐벗고 굶주리는 생활을 하다 생을 마감하는 것이지.

너에게 필요한 것

이제 '돈'에 대한 나의 의견을 정리해볼게.

첫째, 돈을 목적이 아닌 수단으로 생각하는 자세가 필요해.

이건 선택의 문제가 아니야. 돈이 수단이 될 때, 너는 많은 것을 할 수 있어. 너의 인생은 돈이 있는 만큼 풍요롭고, 가치 있는 삶이 될 거야. 하지만 돈이 목적이 되면 너는 단지 부자가 될 뿐이야. 너의 돈이 너를 행복하게도, 가치 있게도 하지 못해. 돈에 매여서 더 많은 돈을 찾다가 너의 소중한 삶이 허비되고 말 거야.

둘째, 돈을 버는 법을 배우고 성실히 실천해야 해.

"낙타가 바늘귀로 들어가는 것이 부자가 하나님의 나라에 들어가는 것보다 쉬우니라"라는 성경의 교훈을 생각하고 부자 되기를 포기하는 어리석음을 따르지 마. '예수께서 부자의 소유를 다 팔아 가난한 자들에게 나눠 주고 와서 나를 따르라 하시니 그 사람이 큰 부자이므로 이 말씀을 듣고 심히 근심하더라'의 그 근심을 두고 한 말씀인 거야. 그 부자의 문제는 재산이 많음이 아니고 그 재산을 소유하려 했던 것이 문제였던 거지.

셋째, 돈을 사용할 목적을 찾는 삶을 살아야 해.

너에게 고정적인 일정한 수입이 보장된다면, 너는 주어진 시간을 통해 더 많은 꿈을 꾸고 세상에 꿈을 퍼뜨리며 살 수 있어. 너에게 주어진 시간을 너와 주변을 위해 유익하게 쓸 수 있는 거지. 거듭 이야기하지만, 돈이 목적이 되면 안 돼. 돈은 너에게 주어진 시간과 같이 너의 인생에 함께 있다 세상에 돌아갈 하나의 수단인 거야. 네가 인생 여정을 사는 동안 너의 삶을 풍요롭게 할 여비인 거지.

그 청년이 재물이 많으므로 이 말씀을 듣고

근심하며 가니라

마태복음 19장 22절

권력과 명예를
목적으로 삼을 것인가?

권력이냐, 명예냐

'펑~' 산신령이 나타나서 묻는다.

"이 도끼가 네 도끼냐?"

"아닙니다. 제 도끼는 그렇게 빛나는 것이 아닙니다. 그저 평범한 쇠도끼일 뿐입니다."

"너의 정직함에 감복해 너에게 커다란 상을 주겠다. 세상을 호령할 권력과 세상이 우러러볼 명예가 있다. 너는 어느 것을 가지겠느냐?"

좀 유치하지만, 어릴 적 읽었던 《금도끼 은도끼》를 한번 패러디해 봤어. 선뜻 대답하기 어려울 거야. 현실적으로는 '권력'이라고 답하고 싶지만, 좀 속물 같아 보이는 것 같아서 '명예?'라고 답할지도 모르겠네.

어떤 경우든 우리 신앙 생활에서 이 두 가지는 참다운 신앙 생활을 하는 데 커다란 걸림돌이야. 앞서 이야기했던 '돈'과 '쾌락'이 예수에게 직접적 도전장을 던졌다면, '권력'과 '명예'는 좀 우회적인 방법으로 크리스천들의 삶을 좀먹는 유혹이야.

권력의 속성

권력은 배타적이다

권력은 자신의 힘으로 얻었을 때만 확고해져. "군주는 사악하게 행동하는 법을 알고 있어야 한다. 오로지 선만으로는 권력을 지킬 수 없다. 가해는 한 번에, 은혜는 조금씩 점차 베풀어라." 16세기 이탈리아의 정치가 마키아벨리(Niccolò Machiavelli)가 이탈리아의 중심권력인 메디치 가문에 헌정한 《군주론》의 한 대목이야.

군주론의 내용을 처음 접했을 때, 내 정신은 망연자실 상태(멘붕)에 빠졌지. 우리의 정치 지도자들은 군주론을 정치의 바이블로 삼고, 권력의 속성을 배우고, 행사하고 있다는 사실을 깨달았기 때문이야. 그리고 왜 정치인들이 그렇게 말도 안 되는 억지를 뻔뻔하게 반복할 수 있는지를 알게 되었어. 그들에게는 그렇게 행동하는 것이 자신들의 바이블에 따라 사는 방법인 거지.

권력은 달콤하다

나는 25년 직장 생활을 하면서 엔지니어를 천직으로 생각하며 살아왔어. 엔지니어가 갖추어야 할 최고의 소양은 '정직함'이라고 생각하며 살았지. 당연히 회사 내 정치와는 담을 쌓고 살았고, 때로는 눈치 없이 바른말을(사실 폭로) 하다가 질타도 많이 받았지. 그런데 권력의 달콤함을 경험해본 적이 있어. 10여 년 전, 우리 조직(300여 명)의 보스 격인 중역 수행비서 역할을 담당한 경험이지. 그 보스는 향후 총괄 조직장(700명) 후임으로 임명이 유력시되는 인물이었어.

수행비서를 맡을 당시, 나는 15년 경력의 담당 분야 최고의 엔지니어였지만, 접근할 수 있는 정보는 매우 제한적이었어. 업무를 위해 필요한 자료를 얻기 위해 여러 곳에 부탁하고, 구차한 사정을 설명하고, 친분 관계를 동원해서 겨우 정보의 한 조각을 얻기도 쉽지 않았지.

그런데 수행비서를 맡은 이후에는 상황이 달라졌어. 나의 전화 한 통, 메신저 쪽지 하나면, 한눈에 상황 판단이 가능하도록 깔끔하게 정리된 자료가 즉시 나에게 전달되어 오더라고.

권력은 달콤해. 그래서 한번 잡으면 그 권력을 유지하려는 속성이 있는 거지. 그리고 유지를 위해서는 수단과 방법의 정당성 같은 것은 그다지 중요하지 않아. 권력 지향이라는 건 권력 자체가 목표가 상태인 거야.

명예의 속성

명예는 과시적이다

"호랑이는 죽어서 가죽을 남기고, 사람은 죽어서 이름을 남긴다." 이 속담이 우리에게 주는 영향은 생각보다 큰 것 같아. 세상에 이름을 남길 만한 역량이 안 되는 사람들이 유명 관광지 바위에 페인트로 이름을 남기려고 하는 걸 보면서 명예욕은 사람의 본능적 욕구 중 하나라는 생각을 하게 돼. 그런데 '명예는 정말 권력에 비해 고귀한 가치일까?' 권력을 가진 존재가 기득권을 유지하기 위해 부도덕한 행위를 마다하지 않는 것처럼, 명예를 추구하는 중심에도 욕심이 내재되어 있어. 명예를 내세우는 경우, 대부분은 명예가 손상된다고 생각되는 상황에서 매우 이기적인 상황에 빠지는 것을 보게 돼. 명예를 지키기 위해 진실을 왜곡하고, 감추는 사람을 명예롭다고 할 수 있을까?

명예는 상황에 좌우된다

조금 극단적인 비유를 생각해보면, 일본에 저항한 안중근 열사의 명예를 의심하는 한국인은 아무도 없어. 조국의 독립을 위해 생명을 아끼지 않은 고귀함을 존경하는 거지. 그런데 9·11 테러를 감행한 PLO의 자살폭탄 테러범을 존경하는 한국인은 아무도 없어. 하지만 알카에다 조직의 어떤 청춘들에게는 그 테러범이 '영웅'이 될 수도 있는 거지. 너무 극단적인 비유가 조금 불편하게 생각될지 모르지만, 우리가 생각하는 인류 역사에서 이런 상황은 너무나 빈번하게 발생해. 어제의 영웅이 한순간에 역적이 되는 경우도 비일비재하게 일어나지. 명예라는 것은 지극히 상황 논리적인 면이 있는 거야.

나는 명예는 도달해야 할 하나의 목적지가 아닌, 무엇인가를 하기 위한 하나의 방편이라고 생각해. 미국의 지미 카터(Jimmy Carter) 전 대통령에게 어떤 기자가 대통령까지 지낸 분이 해비타트 현장에서 일하는 게 불편하지 않은지를 물었대. 카터는 "내가 미국 대통령을 지낸 건 바로 이 일을 하기 위한 하나님의 준비 과정이었습니다. 나는 미국 대통령을 지냈기 때문에 세계 어디든 갈 수 있고, 해비타트 운동을 위해 더 많은 후원을 받고, 더 많은 것들을 할 수 있는 행운을 얻었습니다. 대통령은 지금 이 일을 하기 위한 준비 과정이었습니다"라고 말했다고 해.

권력과 명예가 목적에서 수단으로
자리를 바꾸면 일어나는 일

권력도 명예도 그 자체가 목적이 되면 욕심에 불과해. 크리스천 중에 권력의 중심부에 선 사람들이 있어. 그들이 자신의 권력을 목적으로 생각하고, 그 권력에 권위라는 가면을 씌워 행사함으로써 지금 우리나라의 교회는 싸잡아 욕을 먹고 있어. 교회가 탄압을 받아야 하는 유일한 이유는 복음이 가진 선명성 때문이어야 해. 빛이 어둠과 함께할 수 없듯이, 공의가 불의와 함께할 수 없기에 세상은 교회를 탄압하는 거지. 이것을 거룩한 부담이라고 해. 하지만 지금 우리 사회가 교회에 던지는 비난은 탄압이 아니고 지탄이야. 그것은 복음의 선명성에 의한 이질감이 아니라, 주장하는 것과 행동하는 것이 같지 않은 이중성에 대한 실망의 표출인 거야. 교회에 대한 지탄으로 예수는 이 시간에도 한탄을 하고 있겠지.

명예와 권력을 가진 예수의 사람으로 살고 싶은 너에게 제안을 한다면, 권력과 명예를 목적으로 삼지 말라고 하고 싶어.

권력도, 명예도 세상에서 잠시 빌려서 사용하는 선물이야. 권력이 주어지면 많은 것을 할 수 있어. 그 능력을 기대하며 무엇을 할 것인지 계획을 세워봐. 명예를 얻으면 사람을 얻을 수 있어. 너의 명예로 예수가 드러날 수 있기를 기대하며 너의 삶을 살아가는 거야. 권력과 명예가 목적이 아닌, 수단이 될 때 너의 삶에 예수가 살게 돼.

예수의 사람으로 살고 싶은 너를 위한 제안
권력과 명예를 목적으로 생각하지 말 것.
권력과 명예가 수단이 될 때, 너의 삶에 예수가 살게 된다.

우리가 이 보배를 **질그릇에** 가졌으니

이는 심히 큰 능력은 하나님께 있고

우리에게 있지 아니함을 알게 하려 함이라

고린도후서 4장 7절

공의

세상은 왜 공정하지 않은가

정글과 문명사회

'정글과 문명사회가 있다면, 어느 곳이 더 공정한 세상일까?'

정글은 힘이 지배하는 사회지. 어떻게 보면 가장 공정한 사회는 정글인 것 같아. 타고난 신체적 조건만이 생존을 좌우하는 거야. 어떤 변명도, 합리화도 필요 없는 거지. 오늘 사자보다 잘 달릴 수 있는 얼룩말은 오늘 하루의 생명을 얻게 돼. 사자에게도 이 냉정한 기준은 예외가 없어. 오늘 덫에 걸려 발목을 다쳤다면, 그것으로 사자의 삶은 끝이 나는 거야. 힘의 원리 앞에 획일적으로 공정한 사회인 거지.

우리가 사는 문명사회는 어떨까? 인간이 정글에서 살아남아 세상의 주인이 된 것은 문명이라는 탁월함을 가지고 있기 때문이야. 코끼리만큼 크거나 힘이 세지 않고, 맹수들처럼 빠르고 강하지 않지만, 어떤 동물도 가지지 못한 문명으로 인해 지구의 지배자가 될 수 있었던 거야.

그런데 이 문명은 명백한 우열을 가릴 수 없는 복잡성을 가지고 있어. 문명의 특성은 공동체성이야. 서로를 배려하고 돌보는 것이지. 하지만 공동체성이라는 기준은 때에 따라 매우 복잡다단한 상황을 만들게 돼. 어느 문명은 왕 중심의 군주제도를 택하고, 다른 문명은 시민 중심의 사회가 형성되지. 부계 중심의 사회가 있는가 하면, 모계 중심의 사회가 만들어지기도 해. 문명의 중심 세력은 권력을 독점하고, 권력에서 소외된 계층은 생존의 위협을 받는 거야. 그래서 문명사회는 정글보다 더 많은 불공정이 존재하는 거야.

평등이란 모두 같을까? – 공정이 아닌 공의

'공정하다'는 것의 진정한 의미가 뭘까? 공정을 생각하면 '모두가 평등한 인격'이라는 정의가 떠오르는 사람이 있을 거야. 만민은 평등해야 한다고 생각하는 거지. 그런데 또 한 부류는 법 앞에 평등함을 생각하기도 해. 인격적 평등을 이야기하는 부류는 100m 달리기 시합을 할 때 나이별·성별 핸디캡을 부여해야 한다고 생각해. 신체적·사회적 결핍을 고려해서 대등한 결과를 기대할 수 있는 경주를 생각하지. 권투에서 체급별 경기를 하는 것도 같은 맥락이야. 하지만 법 앞에 절대적 평등을 주장하는 부류는, 모두가 같은 거리를 달려서 엄격히 기록만으로 순위를 정해야 된다는 입장이야. 법은 법이라는 생각이야. 어떻게 보면 가장 문명적인 방법(법을 최우선으로 고려)이 가장 정글을 닮아 있다는 게 흥미로워.

우리가 기대하는 평등한 사회라는 보편적 그림은 인격적 평등이라고 생각해. 모두가 행복하게 사는 사회가 되는 거지. 돈이 좀 없어도, 배움이 좀 부족해도, 권력이 없어도 자신의 삶에 애착을 가지고 최선의 경주를 하는 것만큼 행복할 수 있는 사회가 되는 거야. 우리가 영화나 문학의 감동적인 스토리를 대할 때 깊은 공감하고, 그런 작품들이 계속 만들어지는 것이 그것을 증명하고 있지.

성경은 그 개념을 '공의'라는 말로 표현하고 있어. 단지 모두가 같은 평등함에 머무르지 않고 정의가 존재하는 사회를 공의로운 사회로 규명하지. 하나님이 아담과 하와를 지으시고 공의로 에덴을 다스리게 하신 게 그 생각의 출발점인 거야. 죄의 개입은 이 공의를 무너뜨린 거야. 인간의 죄성, 즉 타락한 본성은 세상이 공의롭지 않은 근본 원인인 거야.

극복의 출발점 – 인정

질병의 치유는 정확한 진단이 선행되어야 해. 이 사회가 가진 질병, 공의가 무너진 원인에 대한 진단서를 받아 들었으니, 이제 우리에게는 처방전을 따르는 일이 남았네.

내가 아무리 "나는 건강해"를 외친다고 해서 내 병이 없어지지는 않아. 간혹 플라세보 효과(약을 먹었다는 심리적 효과가 실제 통증 완화로 나타나는 현상)

에 의해 잠시 고통이 줄어들 수는 있겠지만, 자연 치유 능력의 한계를 넘은 몸은 서서히 죽음을 향해가는 거야. 치유를 위해서는 무시가 아니라 인정이 필요해. '내가 이만큼 아프구나. 그래서 치료가 필요하구나'를 인정하는 과정이 필요한 거야.

세상은 절대 공정하지 않아. 인류 역사에서 공정한 문명을 이루기 위해 수많은 시도가 있어 왔지만, 21세기를 사는 현재도 여전히 절대적인 평등을 이룬 문명은 없어. 자본주의는 재물 앞에 평등할 수 없고, 공산주의는 당 앞에 평등할 수 없지. 민주주의는 군중으로 의해 정의가 왜곡되고, 사회주의는 인간의 욕구 본능을 망각함으로 사상누각을 짓고 말았어.

우리가 사는 세상은 공정하지 않은 게 사실이야. 내가 아니라고 눈을 감아도 세상은 변하지 않아. "세상은 공정하지 않다"라는 것은 변할 수 없는 세상 이치야. 이것을 인정해야 해.

공정한 세상을 향한 행동 지침 – 두 개의 잣대를 하나로

공정하지 못함은 나로 인해 더 증폭되는 속성이 있어. 나를 재는 잣대와 상대를 재는 잣대의 눈금이 다른 거야. 누군가의 탈세에는 불같이 화를 내지만, 나는 절세를 한 것이라고 정당화하는 거야. 세금을 줄이기 위해 고가의 차량을 회사 자금으로 구입하고, 엄연한 개인 용도의 차량 구매 비용을 회사의 운영비로 상계함으로 세금을 줄이는 게 탈세일까, 절세일까? 이건 기업을 운영하는 사람들이 흔히 이용하는 방법이지만, 우리 삶 구석구석에도 이런 두 개의 잣대로 세상을 대하는 부분이 많이 있다고 생각해.

회사에서 근무시간 이외에 일을 시킨다고 이야기하면서, 업무시간에 자기 일을 하기 위해 업무를 소홀히 하는 것, 지각한 직원에게 회사 규율을 지키지 않는다고 꾸짖는 상사가 금요일 퇴근 직전 업무 지시를 하며 월요일 아침에 보고를 요청하는 것, 이런 것들이 모두 두 개의 잣대로 세상을 대하는 것이지.

마음속에 있는 이런 작은 틈새를 그대로 두면 시간이 지남에 따라 커다란 크레바스(crevasse)가 되어 어느 틈엔가 상대방에게 갑질을 하는 삶을 살게 돼. 그리고 그런 관계가 얽히고설키면 너의 주변의 공의는 점점 무너져 정글이 되어가는 거야.

공정한 세상을 향한 두 개의 미션

'세상은 공정하지 않다.' 이건 피할 수 없는 사실이야. 그리고 너는 공정하지 못한 세상을 살아가야 해. 이 공정하지 않은 세상을 살아가는 우리에게는 누구에게나 두 개의 미션이 주어져. 그 하나는 자신의 삶을 살아가는 것이고, 다른 하나는 이웃과 함께 살아가는 거야.

하나, 너의 삶을 살아라!

우선, '자신의 삶을 어떻게 살아낼 것인가'는 각자의 가치관에 따라 다양한 스펙트럼으로 전개돼. 그래서 어떤 삶을 살아야 한다고는 누구도 단정 지어 말할 수 없어(누군가 그런 걸 너에게 주장한다면, 그건 분명 사기꾼이든지 사이비 교주야). 하지만 어떤 색채를 가지고 살아가든지, 네가 추구하는 삶은 긍정적이고 조금씩 나아지는 삶을 향해가는 것이 좋아. 삶의 어두운 면을 부각하고, 염세주의적인 삶을 산다고 해서 세상은 바뀌지 않고, 누군가가 너의 우울한 삶을 끝까지 공감해주는 일은 없어. 그저 네가 할 수 있는 최선의 방법으로 오늘보다 나은 내일을 위해 힘쓰는 것이 중요해.

또 하나, 공의를 이루라!

함께 산다는 것은 나의 삶만큼, 이웃의 삶을 존중하는 거야. 이 세상에는 불공정한 제도, 불공정한 권력, 불공정한 관습이 너무 팽배해 있어. 내가 아무리 발버둥 쳐도 하루아침에 세상이 바뀌지는 않아. 하지만 주변의 이웃에게 공정한 자세를 취하는 것은 너에게 가능한 일이야. 네가 어떤 물건을 사는 소비자가 되었다면, 고객으로서의 너의 권리만큼 판매자의 권리가 있음을 인정하는 자세가 필요해. 내가 대가를 지불하는 것은 상품에 대한 대가를 지불하는 것이지, 상대방의 인격을 구매하는 것은 아니라는 사실을 기억하는 거야.

내가 편의점 사장이라면 아르바이트생의 시간을 사는 것이고, 아르바이트생은 나의 시간을 제공하고 사장으로부터 급여를 받는 거야.

사회제도가 불공평하다고 생각된다면 제도가 보증하는 권리보다 조금 낮은 권리를 행사해도 좋아. 제도는 이 세상이 만든 최소한의 기준이야. 그 기준을 맞추는 것이 법을 지키는 거야. 하지만 지금까지 이야기했듯이 공정한 법은 없어. 그래서 그 법의 테두리에 너의 너그러움이 더해져야 조금은 더 공의로운 세상을 향해갈 수 있는 거야.

공정한 세상을 향한 행동지침 제안
네 안의 두 개의 잣대를 하나의 눈금으로 제안할 것.
네가 할 수 있는 최선의 방법으로 오늘보다 나은 내일을 위해 힘쓸 것.
네가 할 수 있는 작은 일에 관습, 제도의 테두리보다 조금 낮은 기준의 권리를 주장할 것.

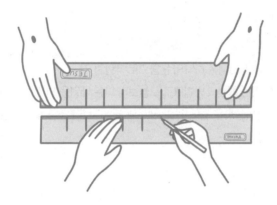

부와 재물이 그의 집에 있음이여

그의 **공의가** 영구히 서 있으리로다

시편 112편 3절

소확행

사치, 궁상, 인색의 관계

소확행

어느 날, 조카와 같이 차를 타고 가면서 대화를 나누었어. 그날 조카는 손에 멋진 네일아트를 하고 나타났어. 얼마 전, 네일아트를 배웠다고도 하더군. 그래서 네일아트 매장을 한번 내볼까도 생각해봤다는 거야. 나는 조카의 의견을 듣고, 좋은 생각이긴 하지만, 긴 시간 직업으로 삼기에는 좀 적합하지 않은 것 같다는 의견을 제시했어. '그런 건 한때의 유행이라 지금은 좋아 보여도 조금 지나면 시들해지고 사양산업이 되지 않을까?' 하는 게 내 솔직한 마음이었거든. '한두 번 호기심에 해보기는 하겠지만, 사람들이 정기적으로 계속 관리를 할까?' 길거리에 즐비한 네일아트 숍을 볼 때마다 그런 생각을 했던 게 사실이야. 하지만 조카는 그렇지 않다고 이야기를 해주었어. 주변에 네일아트 숍으로 돈을 많이 번 친구도 있고, 하나가 잘되어서 업장을 추가로 확장해 번

창하고 있다는 거야.

우리 아들 방에는 일본 만화 주인공들의 귀여운 피규어가 곳곳에 포진해 있고, 우리 딸 책꽂이에는 외눈박이 캐릭터(《몬스터 주식회사》의 마이크) 용품이 즐비해. 지극히 합리적이며 제품의 가성비를 최고의 가치로 생각하는 나에게는 도무지 이해가 가지 않은 취미 활동을 나의 가장 가까운 존재들이 즐기고 있는 거지. 요즘 이런 라이프 스타일을 '소확행(작지만 확실한 행복)'이라는 말로 표현을 하더군. 너의 '소확행'은 뭘까?

사치 - 과잉 소비

우리는 살면서 필연적으로 소비를 하고 살고 있어. 그 소비가 가치가 있는 것인지 없는 것인지는 차후의 문제고, 일단은 소비라는 것을 하고 살아. 어떻게 보면 인간의 삶이라는 것은 소비하는 일의 연속인 거야. 어떤 경우는 자신의 능력을 넘어서는 소비를 하게 되지. 그게 한두 번일 경우에는 우리는 그것을 일탈이라고 하고, 때로는 그런 일탈이 우리의 삶에 행복을 주기도 해.

소비에는 중독성이 있어서 때로는 정도를 넘는 소비를 하게 되고, 그 소비가 지속해서 반복될 때 우리의 삶은 피폐해지게 돼. 언젠가 아내와 서울 강남 센트럴시티파크에 있는 백화점을 구경한 적이 있어. 아내의 생일을 맞아 옷 구경을 간 거야. 아는 친구들도 있겠지만, 그곳에는 지하에 꽤 번화한 의류 상가가 있어(우리 딸은 그곳에 갈 때 "고터 갔다 올게"라고 말해). 상대적으로 저렴한 옷들이 다양하게 구비되어 있는 핫 플레이스지. 먼저 지하상가의 모피 코너를 좀 둘러보고 가격대가 만만치 않아 고민을 하다가 온 김에 위에 있는 백화점도 한번 둘러보자는 생각에 2층 명품관을 둘러보게 되었어.

지하상가와는 사뭇 다른 분위기의 고급스러운 매장들이 늘어서 있었고, 한 매장에 들어가서 그다지 가격이 나가 보이지 않는(바로 전에 모피를 구경하고 왔으니) 모직 코트 하나를 살펴보는데, 매장 점원이 별로 관심을 주지 않고 시큰둥한 반응을 보이더군. 약간의 오기도 생기고 해서 아내에게 한번 입어보라고 하고 슬쩍 가격대를 물어봤지.

700만 원! 하도 기가 막혀서 10여 년이 지난 지금도 그 가격이 기억이 나네. 모피도 아니고 그냥 길거리에서 보면 20~30만 원, 내가 보기에는 잘 봐줘야 50만 원이면 될 수준의 옷이었는데 말이야. 그 점원의 눈에 딱 보기에도 우리가 그 옷을 살 만한 사람으로는 안 보였다는 것이겠지. 나는 아내에게 "너에게는 잘 어울리지 않는다"라고 말했고, 아내는 내 마음을 눈치채고 그 매장을 나왔어.

사치라는 것은 내가 지불할 수 있는 대가보다 지나치게 높은 대가를 지불하고 소비하는 행위야. 그래서 사치는 지극히 상대적인 개념인 거야. 유명 연예인이나 대기업 총수의 가족이 수천만 원 하는 시계나 가방을 들고 다니는 것을 사치스럽다고 말할 수는 없을 거야. 하지만 3,000만 원의 연봉을 받는 청춘이 수백만 원짜리 명품으로 온몸을 치장하는 것은 사치라고 말할 수 있어. 사치라는 말에는 다분히 부정적인 의미가 담겨 있기도 해.

크리스천은 세상의 잣대보다 한 수준 낮은 기준을 가지면 좋을 것 같아. 주변 사람들이 "너 정도면 쏘나타는 타야지"라고 말해주면, 아반떼를 사는 식으로 말이야. 주변 사람들은 너를 검소한 사람으로 여기게 될 거고, 네가 남을 위해 또는 다른 사람과의 시간을 보내기 위해 작은 소비를 한다면 너에게 호감을 느끼게 될 거야. 너도 너보다 잘난 척하는 사람과는 내면적으로 가까이하고 싶지는 않잖아.

궁상 - 배려심의 결여

소비를 하지 않는 것은 어떨까? 우리는 이런 상황을 궁상이라고 하지. '지지리 궁상맞다'라는 말은 어떤 사람이 격에 맞지 않는 수준으로 살아가는 걸 말해. 옷도 사 입지 않고, 좋은 것을 먹지도 않고, 항상 모자라게 사는 거야. 검소의 수준에 머무를 때, 이런 삶의 자세는 미덕이 될 수도 있어. 하지만 지나치게 되면 인생이 너무 건조해지지.

수도원의 수도사들이나 수녀들처럼 인생을 사는 사람들도 있으니까 이게 해악은 아니라고 생각해. 그게 본인 안에 머무른다면 말이야. 하지만 우리는 함께 세상을 살고 있어.

네가 한 가정의 아빠가 되고, 엄마가 되어 가정의 경제권을 가지고 있는데, 너무 검소한 사람인 거야. 너는 그 생활을 충분히 감내하고, 이 절약으로 인해 이후에 무엇인가를 기대하고 있을 수 있어. 집을 사서 좀 더 안정적인 생활을 할 수도 있고, 주변의 어려운 이웃을 도울 수도 있고, 심지어는 죽을 때 사회에 기부해서 좋은 일을 할 수도 있지. 하지만 너와 같이 삶을 살아가는 너의 배우자, 너의 자녀들은 너의 그 가치관으로 인해 그 시기에 경험해야 할 너무나 많은 것들을 잃고 살아야 한다는 것도 기억해야 해. 물론 너의 배우자가 너와 같은 방향을 바라보고 살기로 하고 결혼을 해서 가정을 꾸렸다면 그나마 다행이지만, 그래도 너의 자녀들, 그리고 너의 동료들에게 비자발적 궁상떠는 삶을 강요하는 것은 독선이라고 생각해. 너의 소유는 너만의 것이 아니고 너를 둘러싼 사람들과 공유해야 한다는 것을 기억해둬.

인색함 – 불의한 청지기

궁상과 비슷하지만 조금 다른 의미로 쓰이는 '인색'이라는 말도 있어. '인색' 하면 제일 먼저 떠오르는 단어는 '스크루지 영감'이네(찰스 디킨스(Charles Dickens)의 《크리스마스 캐럴》 주인공).

지금의 세대들은 스크루지를 모를 수도 있겠구나. 잠깐 소개하면, 돈밖에 모르는 지독한 구두쇠 스크루지 영감이 결혼을 앞둔 조카를 향해 "가난뱅이 주제에 왜 결혼하고, 크리스마스에 들뜨는지 이해할 수 없어"라고 이야기하지. 이런 스크루지에게 유령이 나타나서 스크루지의 과거, 미래, 현재를 보여줘. 스크루지는 무덤에 외로이 묻힌 자신의 미래를 보면서 참다운 행복의 원리를 찾는다는 이야기야. 이 제목은

'크리스마스 캐럴', 즉 예수가 이 땅에 오심을 은유적으로 표현한 거야.

나는 인색함이란, 지극히 정당한 자신의 권리를 자신만을 위해 쓰는 행위라고 정의하고 싶어. 현대 자본주의 사회의 논리로 보면 인색함은 지극히 정당한 일이야. 수많은 처세서에서는 인색함을 하나의 팁으로 소개하기도 해. '불필요한 것에 시간을 낭비하지 말라', '재물을 소비하지 말라'라는 달콤한 팁은 인색함을 정당화해주는 거지.

그럼 인색함은 왜 우리에게 독이 될까? 인색함의 기저에는 자기중심적 생각이 있기 때문이야. 하나님의 속성이 인색함이라면, 예수는 이 땅에 오지 않았을 거야. 하나님의 성품을 따라 지음을 받은 인간의 본성은 인색함과는 거리가 멀었어. 그런데 지금 우리 사회는 '인색함 − 남의 일에는 신경을 끄자'를 하나의 미덕으로 만들어가고 있어.

예수는 '남의 일에 신경 쓰지 마'라고 결코 이야기한 적이 없는데 말이지.

소확행 소비에 대한 제안

결혼을 하면서 아내와 나는 경제생활에 대한 룰을 정했어. 서로에게 의논하지 않고 자유롭게 결제할 수 있는 한도를 10만 원으로 했지. 10만 원 이내에서는 각자의 판단에 따라 지출을 결정하고, 그 이상의 지출이 발생할 때는 서로 의논을 하자는 거였어.

처음 갤럭시S가 출시된 2009년, 유독 새로운 기기에 관심이 많았던 나는 매장 직원의 꼬임에 넘어가 그걸 덥석 사가지고 집에 들어갔어. 당시 90만 원 정도 했던 것 같아. 아내가 나에게 "이건 약속과 어긋난 다"고 따지더군. 나는 한 달에 납부하는 금액은 10만 원 이하니까 앞으로 10개월은 용돈을 안 쓰겠다고 하고 간신히 위기를 모면했어. 어떻게 보면 나에게 갤럭시S는 '소확행'이었던 것이고, 나는 10개월간 다른 생활의 소비를 포기한 거지.

누구나 자신만의 행복 포인트가 있어. 하지만 그게 어떤 것이 되었든, 현실에서 도피하려는 방편으로 소확행을 찾지는 말아야 해. '집을 살 형편이 안되니 좋은 호텔에서 묵어나 봐야겠다', '차를 살 형편이 안 되니 고급 차를 빌려야겠다' 이런 식의 접근은 너에게 작은 행복을 주기보다 너의 현실을 슬프게 만들 수도 있어. 화려한 호텔에서 지내고 난 후, 현실의 고시원 방으로 돌아왔을 때 느껴지는 허탈함이 너의 현실을 부정하게 할 수도 있고, 여행지에서 멋지던 너의 모습은 뚜벅이로 대중교통에 시달리면서 자꾸 다시 그곳에 서 있고 싶게 만들어 현재의 시간을 불행하게 만들 수도 있거든.

아주 작은 차이 같지만, 작은 마음 자세의 차이는 행복에서도 큰 차이를 가져오지. 여행하는 동안 조금은 현실적인 수준에서 계획을 세우고 그것을 즐기는 게 좋아. 그리고 그 여파가 오래 가지 않도록 해야 해. 이를테면 일주일간 여행을 한다면, 네가 기대하는 최상 수준의 숙소에서는 하루나 이틀만 묵고 나머지는 좀 더 합리적인 결정을 하는 거지.

소확행에 대한 두 가지 제안

하나, 행복을 찾되 도피는 되지 말 것.

둘, 규모를 정할 것.

일상적인 소확행은 월 소득의 2~3% 이내, 통 큰 소확행은 2~3년에 한 번,

한 달 소득 절반 정도.

나는 비천에 처할 줄도 알고 풍부에 처할 줄도 알아

모든 일 곧 배부름과 배고픔과 풍부와 궁핍에도 처할 줄 아는

일체의 *비결을* 배웠노라

빌립보서 4장 12절

불로소득

크리스천의 노동관

부자는 천천히 되는 것

로또에 당첨되는 상상을 해본 적이 있을 거야. 친구들과 모임을 하다, 군중심리에 편승해서, 또는 교육 프로그램에 참여 중 돌발퀴즈 상품으로 한 장씩 받아든 로또 복권을 들고 일주일 동안 상상의 나래를 펼친 기억. 상상 속에서 너는 최고급 스포츠카를 사고, 멋진 전망의 아파트도 사고, 너를 도와주었던 누군가에게 통 크게 선물도 한번 하는 거지. 상상의 등장인물 속에 부모님이 있다면 너는 좀 인성이 된 사람이라고 인정해줄게.

그런데 복권에 당첨되면 우리는 진짜 반전 인생을 살 수 있을까? 로또까지는 아니더라도 불로소득은 우리 인생에 어떤 영향을 주는 걸까?

이 시대 부자 아이콘 중에 김승호 회장이라는 사람이 있어. 전 세계에 1,200개의 프랜차이즈 매장을 소유하고 있고, 《돈의 속성》이라는 책을 쓴 기업가지. 김승호 회장은 "부자는 천천히 되는 것이다. 서두르지 말아라"라고 말해. 김 회장의 어린 아들이 비트코인을 100달러를 사서 60달러의 수익을 냈는데, 김승호 회장은 그 아들을 칭찬하기보다 조용히 충고를 해주었다고 해. 쉽게 성공하는 행운은 마약과 같은 중독으로 우리의 가치관을 좀먹게 되지. 한 번 온 행운에 취하고, 그 행운이 또다시 찾아올 것이라고 기대하게 돼. 그리고 1시간에 만 원의 시급이 한심하게 느껴지고, 그 시간에 차라리 행운을 찾아 떠도는 것이 더 빠른 성공의 길이라는 착각을 하게 되는 거야. 그래서 부자는 천천히 되는 것이 중요해. 자신이 만들어가고, 자신이 이룩한 결실을 스스로 관리할 수 있는 능력이 있을 때, 그 삶이 유지될 수 있어. 인생은 100m 달리기가 아니고 장거리 마라톤이니까.

한때 잘나가던 인기 연예인이나 스포츠 스타들이 은퇴 후 경제적 어려움에 부닥치게 되는 소식을 심심치 않게 듣게 돼. 큰 금액의 복권에 당첨된 사람이 오랜 시간이 지나지 않아서 빈털터리가 되었다는 이야기도 쉽지 않게 접할 수 있어.

불로소득이란 무엇일까?

불로소득은 일(노동)을 통하지 않은 소득(부의 획득)을 뜻해. 하나님의 창조 후 에덴을 다스리던 아담과 하와는 선악을 알게 하는 나무의 열매를 따 먹은 결과로 대가를 치르게 되지. 그것은 '노동'을 통해서만 삶을 유지하는 거야. 기독교의 노동관이 여기서 출발하지. 어렴풋이 이야기를 들어봤을 대천덕 신부(성공회 교단은 개신교단의 한 부류이고, 성직자에게 신부라는 직함을 사용함)의 '예수원'이나 김용기 장로의 '가나안 농군 학교'에서는 육체적 노동을 크리스천의 삶에서 핵심 가치로 생각해. 예수원은 "노동이 기도요, 기도가 노동이다"라는 구호하에 하루 세 번의 노동과 세 번의 침묵 기도를 모든 방문자들에게 권하고 있고, 가나안 농군 학교는 "일하기 싫으면 먹지도 말라"는 구호로 하루 노동에 참여하지 않는 사람은 식사를 하지 못하도록 하는 규칙을 적용해. 여기서 말하는 노동은 단어 그대로 땀을 흘리며 힘을 쓰는 일을 말하는 거야. 이 주장에는 태초에 성경에 제시된 말씀에 근거한 문자 그대로의 노동이 인간사의 근본이라는 생각이 바탕에 있어.

전통적인 사회에서 부가가치는 노동을 통해서만 생성되었어. 하지만 사회는 변화되었고, 이제는 땅을 근간으로 하는 생산이 아닌, 무형의 부가가치가 넘쳐나는 세상이 되었어. 여기서 우리는 불로소득과 건강한 노동을 통한 소득의 경계를 구분하는 데 혼란을 겪고 있어. 게임을 예로 들어보면 내가 하는 게임은 단순한 소비지만, 프로게이머의 게임은 부가가치를 생산하는 노동(생산적인 일)이야. 그러면 SNS에 나의 일과를 올리는 일은 소비일까? 노동일까? 같은 행위를 하고 있지만 서로 다른 상황을 만났을 때 노동관에 대한 혼란이 오게 돼. 좀 더 생각을 발전시켜보면, 금융소득(저금이나 투자)을 통해 소득을 얻었다면, 이건 불로소득일까? 요즘 한국 사회를 후끈하게 달군 갭 투자, 부동산 투자는 불로소득일까? 부가가치를 창출하는 생산적인 활동일까?

이 시대를 담는 크리스천의 노동관 제안

크리스천은 근본적으로 불로소득을 추구하며 살면 안 돼. 그것은 창조의 원리와 어긋나기 때문이지. 하지만 '어떤 것이 불로소득이냐?' 하는 것은 좀 고민이 필요한 문제야. 신실한 크리스천 중에는 이 부분에서 전통적인 가치에 머물러 있는 경우가 많아. 개인적인 신앙의 가치관으로 땀을 흘리는 노동을 추구하는 삶은 충분히 존중받을 가치관이야. 하지만 모든 기독교적 노동관이 이 안에 머물러버린다면, 기업에 대한 투자, 금융 투자, 부동산 개발을 통한 부가 가치 창출을 하나의 '사회악'이라는 관점으로 접근한다면, 세상의 경제 중심축이 이동하는 상황에서 기독교적 경제관은 점점 그 영향력을 잃어가고 말 거야. 지금도 일부 지역에 남아 있는 퀘이커 교도나 라르슈(L'Arche) 공동체가 소중한 가치를 유지하고 있지만, 세상 속에서 그 영향력이 점점 희미해져가는 것처럼 말이야.

> 이 시대 예수의 사람들에게 하는 나의 제안
> 하나, 성경의 원리에 근거한 4차 산업혁명 시대 노동관을 만들어가자.
> 둘, 산업의 전 분야에서 자신의 소명을 찾고 실천하는 삶을 살자.

사람은 나와서 일하며 저녁까지 수고하는도다

시편 104편 23절

캥거루족

아빠 차, 엄카
사용 매뉴얼

물려받다 - 전수받다와 세습하다

우리는 엄마, 아빠로부터 육신의 몸을 전수받아 생을 살아가게 돼. 생명을 주신 이가 하나님인 것은 사실이지만, 육신의 부모 없이 생명을 얻을 수는 없어(앞으로 세상이 더 변화해서 클론, 복제 인간의 세상이 올 수도 있을지 모르지만, 그 문제는 그때 가서 생각해보는 게 정신 건강에 좋은 것 같아). 묘하게 닮은 외모, 걸음걸이, 식성, 성격, 세상을 살아가는 태도까지 우리는 부모의 모습을 닮으며 성장해가는 거야. 세상을 이것을 전수받는다고 해.

"이는 네 속에 거짓이 없는 믿음이 있음을 생각함이라.
이 믿음은 먼저 네 외조모 로이스와 네 어머니 유니게 속에 있더니
네 속에도 있는 줄을 확신하노라."

[디모데후서 1장 5절]

이 구절에서 보듯이 심지어 우리의 믿음까지도 전수받는 거지.

그런데 최근 부모의 인생 결실을 자녀에게 물려주는 것에 대해서 반감을 느끼는 정서가 확산되고 있어. 대기업 오너 가문의 경영권 승계부터 대형 교회들의 담임 목사직 세습, 각종 시민단체들의 대표직 승계 등 성공한 부모 후광으로 특혜를 보는 이야기가 구설에 오르곤 하지.

얼마 전 방영한 드라마 〈청춘기록〉에서 주인공 혜준(박보검 분)의 대사가 이런 상황을 잘 표현해주고 있어. "처음부터 난 수저계급론을 극혐했다. 수저계급론에는 정신이 없다. 내가 부모로 받았던 정서적 안정감, 정직, 순수함 이런 가치가 없다"라고 독백을 하지.

부모의 결실에 자녀가 붙어서 사는 것을 죄악시하는 이유는 뭘까? 사촌이 땅을 사면 배가 아픈 그런 질투심일까? 나에게 없는 것에 대한 상실감일까?

혜준의 독백에서 중요한 단서를 하나 찾을 수 있어. 그건 단순히 재산만을 상속받을 때, 그 속에는 정신이 없기 때문이라는 거야. 인생은 돈만으로 살아지는 게 아니거든. 돈으로 모든 것을 할 수 있을 것 같지만, 돈은 하나의 수단일 뿐이어서 돈만으로는 채울 수 없는 것이 인간사에는 상당히 많이 존재해. 그런데 이 시대 대물림 경영권(회사의 오너, 담임목사, 왕권 등)의 세습에서는 그 정신에 대한 전수받음을 찾을 수 없기 때문에 우리는 세습이라는 행위를 탐탁지 않게 생각하는 거야.

그럼 그 상황을 나에게로 대입해보면 어떨까? 부모님의 집에서 아빠 차를 타고 엄마 카드로 생활하는 너의 모습을 한번 생각해봐.

독립

어른이 된다는 것은 독립적 개체가 된다는 거야. 그럼 성숙과 미성숙을 구분하는 기준은 과연 뭘까? 언제부터 독립을 하는 게 적당한 걸까? 교회에서 청년부의 연령 기준을 몇 살로 할까를 고민한 적이 있어.

이전에는 고등학교를 졸업하는 19~30세까지를 청년으로 분리했는데, 그 기준이 지금 사회에 적합하지 않다는 생각을 하게 되었어. 31세에도 여전히 결혼을 하지 않았고, 직장이 정해지지 않아서 독자적인 경제생활을 하지 않은 사람들이 많아졌어. 더 이상 30세 청년, 31세 장년이라는 구분이 적합하지 않게 된 거지. 그래서 고민을 하게 되었어. 어떤 기준으로 장년을 나누어야 할까.

대한민국의 법에서 성년은 19세로 정해져 있어. 19세가 되면 스스로 법적 판단을 할 자격을 주는 거지. 하지만 이와는 별도로 하나의 독립 가정(세대 분리)을 이루기 위해서는 좀 더 복잡한 기준을 가지고 있어. 그 기준 세 가지는 ① 결혼, ② 30세, ③ 일정 수준의 정기적 소득이야. 독립을 한다는 것은 하나의 세대를 이루는 거야. 그리고 일정 기간 독립세대를 이루었을 때, 국가로부터 많은 독립적 권리를 받게 돼. 물론 각종 세금을 납부할 의무도 지게 되지만, 비교적 많지 않은 소득을 지닌 청년 시절은 국가 제도로 받는 혜택이 부과되는 세금에 비해 더 많은 게 사실이야. 세금의 원칙이 "소득이 있는 곳에 세금이 있다"이기에 국가는 평균 이상의 소득이 있는 계층에게 세금을 받아 국가를 운영하고, 평균 이하의 소득층에 그 재원을 배분하는 거지(건강한 국가는 그 과정이 공정하고 투명하고 정의로운 국가야).

부모로부터 받을 것(전수받음)

독립이 장성한 자의 기본이지만, 다음의 것들은 부모로부터 기꺼이 전수받을 것을 제안해.

좋은 생활 습관(혹 부모의 습관이 나쁘다면 반면교사)

좋은 가정에서 좋은 생활 습관을 익히고 자랐다면, 그보다 큰 축복은 없어. 생활을 독립했더라도 가족의 좋은 습관은 유지할 수 있어야 해. 예를 든다면 아침에 일찍 일어나는 것, 주어진 일은 미루지 않는 것, 어려움을 만났을 때 숨지 않고 정면 돌파하는 습관 등이 있다면 혼자 살더라도 포기하지 말고 유지해야 해. 좋은 습관이 형성되는 데는 최소 60일이 필요하지만, 습관이 무너지는 데는 단 일주일이면 족하거든. (66일 법칙 - 영국 심리학자 랠리(Lally)의 연구 결과로, 66일의 꾸준한 반복으로 원하는 행동을 습관화할 수 있다는 이론)

부모의 경험

인간이 다른 생명체와 차별되는 결정적인 차이점은 생각하는 것과 그 사유의 결과가 문자와 언어로 다음 세대로 전달되어 새로운 경험을 만들어가는 거야. 부모의 삶을 대하는 자세, 가정을 이끌었던 지혜, 이루어놓은 업적들을 잘 살펴야 해. 그중에는 부모의 실패와 상처도 있을 수 있지. 어떤 결정이 어떤 실패를 가지고 왔는지 솔직한 대화의 시간들을 회피하지 말고 전수받아둬. 그리고 너의 관점과 이 시대의 상황으로 그 경험을 재해석하는 거야.

부모의 무한한 사랑을 기반으로 한 응원

이 세상에 내 편은 사실 그렇게 많지 않아. 모두가 나를 위하는 듯하지만, 어차피 인생은 홀로서기이거든. 세상에서 조건 없이 나를 응원해주는 사람은 부모밖에 없어. 어떤 방식으로 다가오는 응원이든지 그 응원은 기꺼이 받되, 자기 주도적으로 살아야 해. 응원은 응원일 뿐, 그 응원의 여부가 너를 흔들지 않도록, 응원이 없이도 홀로서기를 해야 해. 응원은 기쁜 마음으로 받아서 성과를 배가하자.

부모로부터 벗어날 것(세습하지 않음)

생활 독립

이런저런 실제적 유익으로 인해 생활 공간의 독립을 주저하는 게 사실이지만, 어른이 되기 위한 출발점은 생활 공간의 독립이라고 생각해. 직장을 마련하고 경제 생활을 시작했다면 가능한 한 부모의 공간에서 독립할 것을 제안해. 혼자만의 자유 시간이라는 관점으로 독립을 시도하는 경우가 많지만, 혼자 생활한다는 것은 자신의 삶을 스스로 돌보아야 한다는 것을 의미하거든. 혼자 식사와 빨래와 청소를 하는 일상적인 일에서 하나의 온전한 개체로 분리되는 것이기 때문이야.

경제적 독립

가장 현실적인 독립의 원동력이자 방해 요소이기도 하지. 비록 완전한 경제적 독립이 어려운 상황이라도 부모와 경제적인 구분 선을 긋는 일부터 시작하면 좋아. 필요할 때 불쑥불쑥 지원을 받는 것이 아니라 계획적으로 지원을 받고, 그 재원을 스스로 운용하는 거야. 일상에서 돈은 단지 눈에 보이는 소비에만 필요한 것이 아니야. 각종 공과금, 위험을 대비하는 보험료, 자본 형성을 위한 저금, 투자에도 돈이 필요해. 스스로 경제계획을 세우면서 생활의 전 영역에서 돈의 운영을 살필 수 있도록 성장해야 해.

정서적 독립

결혼 후 많은 신혼부부의 갈등이 배우자의 정서적 미성숙으로 인해 생기게 돼. 새로운 가정에서 만나는 과제를 스스로 해결할 정서적 준비가 부족한 상황에서 과거 부모로부터 형성된 습관과 태도로 실마리를 찾던 중에 서로 상충하는 입장을 발견하는 거지. 정서적 독립이 된 경우라면, 이런 상황에서 두 사람의 합의에 의한 새로운 가족을 형성할 수 있지만, 정서적 미성숙 상태면 이 틈을 메우기는 쉽지 않아.

여호와께서 아브람에게 이르시되

너는 너의 고향과 친척과 아버지의 집을 **떠나**

내가 네게 보여 줄 땅으로 가라

창세기 12장 1절

공짜는 없다?

사회 복지 혜택 이용하기

경품 행사

하루에도 몇 번씩 날아오는 스팸 문자, 웹브라우저를 열 때마다 뜨는 팝업 창의 광고들을 보면 이 땅에는 공짜가 넘쳐나는 것 같아. 하지만 우리는 이런 광고문구들이 단지 내 지갑을 열기 위한 미끼에 불과하다는 사실을 알고 있지. 그래도 가끔 달콤한 문구에 혹해서, '혹시나 진짜 아닐까?' 하는 마음에 광고를 클릭하는 순간, 역시나 '세상에 공짜는 없구나' 하는 사실을 깨닫게 되지. 경험에 의해 어떤 결과를 예측하게 되는 능력, 이런 것을 우리는 학습되었다고 말하지.

그럼 진짜 세상에 공짜는 없는 걸까? 우리의 학습은 100% 진리일까? 내가 세상을 살면서 경험한 최고 가치 경품은 김치냉장고였어. 그 사건이 있기 전까지 나는 아주 사소한 것이라도 경품에 당첨되어 본 적이 없었기에 경품이라는 건 나와는 다른 세상에 사는 운 좋은 사람들에게나 찾아오는 행운이라고 생각했지. 그런데 하루는 우리 가족 네 명이 한 안경점에서 동시에 안경을 맞추고 렌즈를 구입한 적이 있어. 마침 경품 행사를 하고 있어서 아무런 기대 없이 경품 응모권에 이름과 전화번호를 적어 넣고 왔지. 며칠 후 연락이 왔어. 1등에 당첨되었으니 방문해 수령해가라는 거야. 아! 세상에는 진짜 경품이 당첨되는 사람도 있구나. 그 후 나는 경품 응모권이 생기면 혹시나 하고 기대하는 마음이 생기게 되더라고.

공짜는 공짜가 아니다

경품은 진짜 공짜일까? 조금만 이성적으로 생각하면 그게 공짜가 아니라는 것을 알 수 있어. 경품은 고객을 유치하기 위한 마케팅의 한 방편이지. 그리고 그 마케팅 비용은 이미 제품 가격에 반영되어 있는 거야. 경품을 받는 사람에게는 하나의 행운이지만, 그때까지 한 번도 경품을 받아 보지 못했던 일상 속에서, 나는 계속 남들이 받은 경품의 대가를 지불하고 있었던 거야. 그리고 그 비용들이 쌓이고 쌓여 어느 날 문득 김치냉장고가 되어 나에게 돌아온 것이지. 우리가 지금 누리는 각종 사회 복지 혜택도 같은 맥락에서 이해할 수 있어. 세상에 공짜는 있어. 개인적인 측면에서는 운이 좋으면 공짜를 얻을 수도 있지. 하지만 더 크게, 공동체라는 테두리에서 보면 사회 복지 비용은 공짜가 아닌 우리 모두가 함께 분담한 대가의 재분배인 거야.

하나님 나라의 쇼윈도

사도행전 4장에 나오는 공동체가 행한 '모든 물건을 통용하고'의 사건은, 예수가 행한 오병이어 이적의 교회 공동체 버전이 아닐까 하는 생각을 해봤어. 이런 이야기가 신학을 전공한 입장에서는 터무니없는 비약일지 모르지만, 비전문가의 입장에서 보면 성경에 나온 많은 이적들은 인류에 대한 하나님의 마음을 우리의 언어로 표현한 것이라고 생각해. 2000년 전, 광야에서 예수는 어떻게 5,000명을 상대로 하나님 나라를 강설하실 수 있었을까? 지금처럼 스피커를 이용한 방송 장비가 있는 것도 아니었을 텐데…. 그 사건만으로도 오병이어의 이적 못지않은 미스터리라고 생각해.

하지만 지금은 방송 시스템을 통해 수만 명에게 동시에 메시지를 전할 수도 있고, 심지어는 시간과 공간을 뛰어넘어 전 세계 인류에게 동시에 메시지를 전달할 수도 있게 되었어. 오순절 다락방에서 일어난 각종 방언을 말하는 사건은 이 시대 구글, 파파고 등의 시스템으로 구현되어가고 있지.

예수가 하나님 우편에서 앉으셔서 단지 말씀으로 인류의 죄를 해결해주시지 않고, 친히 사람의 모습으로 이 땅에 온 사건을 생각해봐. 예수의 부활 승천 후 남겨진 하나님의 사람들이 지식과 문명의 이기를 활용해서 세상에 다가가는 것이 예수의 이적과 같은 맥락의 일들이라는 생각은 큰 오류가 아니라고 생각해.

인류는 이성과 과학과 제도를 통해 인간을 향한 하나님의 뜻을 조금씩 실현해가는 거야. 교회가 이미 이 땅에 임한 하나님 나라를 세상에 보여주는 쇼윈도인 것처럼, 인간이 이루어낸 과학과 제도, 그리고 많은 문화의 산물도 그것을 사용하는 정신이 성경적이라면, 인류를 향한 하나님의 이적이라고 생각해. 그래서 크리스천은 새로운 문화에 더 적극적으로 개입하고 선한 방법으로 발전해갈 수 있도록 주도하는 자리에 서야 한다고 생각해. 그것도 땅끝까지 주의 복음을 들고 가는 한 방향 아닐까.

복지정책을 대는 자세

이 시대를 살아가는 청춘으로서 국가의 복지정책을 어떻게 바라봐야 할까? 어떤 관점에서 정책을 바라보고, 혜택을 활용하고, 또 그것을 어떻게 사회로 환원할까에 대한 성찰이 필요해.

앞에서 언급했듯이 세상에 공짜는 넘치고 있어. 하지만 그것은 공짜가 아니라는 인식이 필요해. 코로나19라는 인류 역사상 전무후무한 난관 앞에, 국가의 리더들은 사회가 무너지지 않기 위해 안간힘을 쓰며, 여러 가지 특별 국민지원책을 모색해서 실행에 옮기고 있고, 그 과정에서 끊임없이 잡음이 발생하고 있지. 애초에 세상은 공정하지 않기에 제도적으로 공정하게 분배한다는 것은 불가능한 일이거든. 누군가는 조금 손해를 보고, 누군가는 조금 더 혜택을 볼 수밖에 없지. 그런데 손해를 감수할 만한 입장에 있는 사람들은 대부분 큰 힘을 가지고 있고, 혜택을 받아야 하는 입장에 있는 사람들은 발언권이 빈약한 것이 또 하나의 딜레마야.

이 시대를 살아가면서 정당한 복지혜택에 대해 두 가지 자세를 분명히 취하라고 제안해.

첫째, 사회 복지를 적극적으로 이용하자. 괜한 죄책감 같은 것을 가질 필요는 없어. 사회 진입을 앞둔 너희들은 이 사회가 만들어놓은 안전망의 혜택을 당연히 받아야 하는 입장인 거야. 그래서 국가는 소득이 있는 곳에 세금을 징수하고, 사회가 미래를 향해 지속해서 성장할 수 있도록 제도를 만들어가는 거야. 이런 제도를 적극적으로 활용하는 당당함과 부지런함이 필요해. 수많은 제도와 지원은 가만히 앉아 기다리는 사람들에게 찾아오지는 않아. 자신에게 해당하는 지원사항들을 적극적으로 찾고, 그 조건을 만족시키기 위해 각종 자료를 준비하고, 금융 생활이나 주거 선택 등을 할 때도 전략적인 입장에서 추진해야돼. 너희 시대는 세상의 눈보다는 철저히 현실을 인지한 합리적인 삶의 자세가 필요해.

둘째, 받은 혜택은 두 배, 세 배로 사회로 환원해서 선순환의 고리를 이어가는 거야. 이 시대 오병이어의 기적은 자신이 받은 은혜를 다시 사회로 흘려보내는 일을 실천하는 예수 청년들에 의해 일어날 수 있어. 꼼수를 부려 더 많은 혜택을 끊임없이 찾기보다 사회로 충분히 환원할 수 있을 만큼 성장하고, 기꺼운 마음으로 너의 성과를 사회로 흘려보내는 삶을 살아봐.

너희 땅의 곡물을 벨 때에

밭 모퉁이까지 다 베지 말며 떨어진 것을 줍지 말고

그것을 가난한 자와 거류민을 **위하여** 남겨두라

레위기 23장 22절

5장 ──────── '일'을 대하는 자세

여호와 하나님이 흙으로 각종 들짐승과 공중의 각종 새를 지으시고

아담이 무엇이라고 부르나 보시려고 그것들을 그에게로 이끌어 가시니

아담이 각 생물을 **부르는 것이** 곧 그 이름이 되었더라

창세기 2장 19절

좋은 직업? 나쁜 직업?

도입

'아버지학교' 프로그램에 참여한 적이 있어. 우리나라는 1960~1970
년대 급속한 사회 구조의 변화를 겪으며 아버지로서 아직 준비되지 못
한 왜곡된 아버지상을 가지게 되었고, 준비되지 못한 가장으로 인해 상
처받는 가정이 많았어. 유교적 전통에 의한 부계 중심의 사회에서 아버
지는 그 역할 수행 여부와 상관없이 가정 내 폭군 같은 권위를 소유하
고 있었지.

사회 변혁기를 맞아 아버지의 우매한 권위행사는 거부당하기 일쑤
였고, 거부당한 권위는 폭력으로 발현되어 가정을 피폐하게 하는 경우
가 비일비재했어. 이런 사회적 취약 상황을 배경으로 '아버지학교' 사역
이 활발히 진행되었어. '아버지학교'에서 만났던 한 장로의 이야기가 생

각나네.

"교회 선거에서 장로로 추대되는 날, 장로의 역할을 위해서는 이 일을 계속하면 안 되겠다 싶었어요. 그래서 회사에 사직서를 냈고, 사업을 시작했지요. 시간의 제약에서 벗어나고, 재정 운영의 규모를 키워야겠다는 생각을 한 겁니다."

나는 이 만남을 계기로 직업에 귀천은 있을 수 없지만, 크리스천의 직업으로 적합한 것과 그렇지 않은 것이 있을 수 있다는 생각을 하게 되었어.

나의 직업 – 엔지니어의 삶

고등학교 1학년 때 적성검사를 했어. 문과·이과 진로를 결정하기 위한 기준을 세우려는 것이었지. 나는 적성검사 결과, 문과 90 대 이과 10의 결과표를 받아들었어. 지금 생각해보면 그때 무슨 생각을 했는지 궁금하지만, 그 결과를 받아들고 한 선배를 찾아갔어. 서울대학교에서 화학공학을 전공하고 있던 선배였지. 그 선배는 고민하던 내 생각과는 너무도 다르게 "뭘 그런 걸 고민하냐? 앞으로의 세대는 엔지니어의 시대야. 무조건 이과를 가야 해"라고 딱 잘라 결정을 해주었지.

그 한마디 조언이 내 30여 년 가까운 엔지니어 삶의 시작이야. 그런데 지나고 생각해보면 당시 적성검사 결과가 틀리지는 않았어. 나는 수리에 그다지 밝지 않았거든. 고등학교 때 수학 시간은 물론이고, 대학 시절에도 공업 수학을 비롯한 기계과 전공필수인 5대 역학(고체역학, 열역학, 유체역학, 동역학, 정역학) 과목 모두가 내가 이해하기에는 참 어려운 학문이었어. 오히려 교양 과목으로 들었던 심리, 철학, 문학사 과목은 거의 만점을 맞았지만, 2학년 전공 필수였던 공업 수학은 백지 답안을 내기까지 했던 기억이 나네. 그 시험지를 받아들었을 때의 난감함을 기억하면, 지금도 속이 울렁거려. 8절 시험지에 네 개의 수식이 써 있었고, 1시간이 주어졌는데, 뭘 하라는 건지 이해조차 할 수 없었거든. 그렇지만 대학을 졸업하고, 취직을 하고 회사의 톱니바퀴 안에서 내 역할을 하며 살아오는 데는 그다지 큰 문제가 없었던 것 같아. 대학 시절 달달 외우고, 머리를 굴려가며 계산했던 외팔보의 하중, 안전율, 단면계수 등등은 사실 구조해석 프로그램 안에 몇 가지 숫자만 입력하면, 다 자동으로 계산이 되는 것이더라고.

회사에 취업을 하고 처음 엔지니어의 삶을 시작했던 시점에 했던 다짐이 있어. 엔지니어는 기계를 만들고 그것을 운영하는 일을 하는 사람이야. 그래서 '기계를 만들되, 인간에게 유익한 기계를 만들자'라는 다짐을 했어. 조금 유치해 보이는 다짐이기는 하지만, 이 생각은 내가 일을 대하는 방식에 아주 큰 영향을 주었고, 수없이 많은 판단을 해야 했던 순간에 일관성 있는 기준을 가질 수 있게 해줬어. 그리고 결과적으로 나를 신뢰가 가는 엔지니어로 만들어주었어.

나는 자동차를 개발하는 업무를 하고 있어. 그중에서도 프로토타입 차를 시험(Test)하고 평가(Evaluation)해서 판매용 차량이 만들어지기 전

문제를 개선하고, 상품력을 확보하는 업무를 하고 있어. 이 역할을 하는 데는 많은 결정이 필요하고, 그때마다 초심을 생각하며 방향을 잡게 돼. '어떤 게 더 사용자에게 이로운 것일까?' 일하다 보면 이윤이 우선되는 결정, 기술적 자기만족이 우선이 되는 결정, 자신의 입장을 세우기 위해 적합하지 않은 결정을 묵인하는 경우 등이 비일비재하게 생기거든. 그래서 동일한 상황에서도 그 당시 담당자가 누구인가에 따라 전혀 다른 결과물이 나오게 되는 거야.

이런 장황한 이야기를 꺼낸 것은 네가 어떤 일을 선택하는가 하는 결정보다 '네가 어떤 마음으로 너의 일을 하는가'가 더 중요하다는 거야.

일이란 나의 자아성취를 위한 도구이기도 하지만, 어떤 경우는 나의 삶을 영위하기 위한 도구일 수도 있어. 보람을 얻기 위해 직업을 결정할 수 있지만, 단순히 경제적 효용성만을 위해서 내 시간을 저당 잡힐 수도 있는 거야. 어느 게 더 맞는 것인지도 절대적인 기준을 줄 수는 없어. 네가 좋은 경제적 형편에서 굳이 많은 소득이 필요하지 않다면, 너는 너의 꿈을 위해 더 적은 보수의 일이라도 선택할 수 있지. 하지만 너에게 많은 짐이 지어져 있어서 좀 더 많은 소득이 필요하다면, 너의 보람은 잠시 접어두고라도 보다 좋은 보수를 위한 선택을 해야 해.

물론 하고 싶은 일을 많은 보수를 받고 할 수 있다면 더없이 좋겠지만, 사회 진입의 초입에서 경쟁은 생각보다 치열하고 너의 능력은 유리병처럼 투명하게 드러나게 되어 있어. 아직 너의 잠재된 능력이 드러나지 않은 (너의 포트폴리오가 빈약한) 시점에 사회에 진입해야 하는 상황을 고려하면, 만족도 100%의 직업은 없다고 봐. 그래서 어떤 직업을 선택하게 되든지 그 일을 통해서 네가 얻고 싶은 것, 그리고 그 일을 대하는 자세에 대한 정의가 필요해. 크리스천은 그것을 소명(Calling)이라고 하지. 엔지니어인 내가 선택한 소명은 '세상에 유익한 것을 만들어내자'였어.

내가 만난 청춘 - 타투이스트

내가 만난 청춘 중에 기억에 남는 한 사례가 있어. 어린 시절 프랑스에 가서 그곳에서 자란 친구인데, 고국에 들어와 일을 하고 싶다는 의지를 가지고 혼자 한국에 들어온 후, 우리 교회를 방문하게 되었어. 그 친구와 새 가족 모임을 하고 1~2년 정도 지난 시점에 그 친구가 질문했어. '타투이스트'가 되는 것에 대해 어떻게 생각하느냐고.

몸에 문신을 하는 것을 그다지 건전하지 않다고 생각하는 정서가 있는 것이 사실이고, 특히 크리스천으로 그 일을 하는 게 성경적 원리나 생활방식에서 문제가 될 수도 있다는 생각이 있었던 것 같아. 이 질문을 받았을 때, 사실 많이 당혹스러웠어. 그 분야를 깊이 생각해본 적이 없었거든. 그 친구는 깊이 고민을 하고, 크리스천인 부모님께도 이야기해서 그 일을 진행하기로 했어. 사업수완이 좋아서 프리랜서 타투이스트들에게 시술 장소와 시설을 공유하는 플랫폼 사업을 운영하게 되었지. 그리고 얼마가 지난 후 고백을 하더군. 앞으로는 시술을 받은 사람들에게는 무조건 성경구절로 시술을 하거나, 다른 문양을 시술한다면 한쪽에 무료로 작은 성경구절을 같이 넣는 서비스를 하기로 정했다고.

이 친구는 자신의 타투를 통해 고객에게 성경을 몸에 새기고 다니게 하겠다는 소명을 얻은 거지.

직업 선택 기준 – 현실적 비교

직업을 선택하는 데 두 개의 관점을 고려해볼 수 있어. 각자의 결정에 따른 장단점을 표로 그려봤어.

1. 고용 형태에 따른 유익

- 급여생활자 : 안정적 생활
- 자영업, 개인사업자 : 시간 활용의 융통성
- 프린랜서, 자유계약직 : 유연한 고용 환경, 선교 등에 유리
- 일용직, 비정규직 : 상대적 소외계층에 대한 이해,
  사회봉사의 창구 역할 가능

2. 일의 종류에 따라 유익

- 전문직 : 창조적 업무 / 창의성 발휘
- 관리직 : 조직관리 능력 / 교회 공동체 운영
- 영업직 : 대인관계의 확장 / 복음의 확장
- 서비스업 : 프로 봉사자 / 봉사 마인드

크리스천 직업 선택 우선순위

세상에는 수많은 직업이 있어. 직업에 귀천은 없지만, 좋은 직업과 나쁜 직업은 분명히 존재해. 직업을 택하게 될 때, 이런 네 개의 관점에서 순위를 가지고 정하기를 제안해.

하나, 사회 통념상 건전한 노동인가?

어떤 일들은 세상에 해악을 끼치기도 해. 인권을 침해하는 일을 직업으로 삼은 경우지. 누군가의 인권을 상품처럼 사고파는 일은 크리스천이 피해야 할 직업 1순위야. 왜냐하면, 그 누군가도 하나님이 만드신 소중한 영혼이기 때문이야.

예를 들면, 성매매 알선, 폭력조직 등등, 이런 건 물론 법적으로도 문제가 되지만, 우리 사회에서는 법에는 위반되지 않지만, 인권을 파괴하는 일들도 있어. 이런 일들을 주도하는 일은 일단 직업 선택에서 제외해야 해.

둘, 자기 주도적 생활(시간) 관리가 용이한가?

크리스천은 언제나 시간의 부족함에 허덕이게 돼. 좀 열심히 하는 크리스천은 주 5일 근무 + 주말 1일 교회 근무는 필수이고, 각 교회에서 역할을 맡으면 토요일도 상당 시간을 할애해야 해. 그래서 주중에 시간을 탄력 있게 쓸 수 있는 일들은 크리스천에게 추천해주고 싶은 직업이야.

셋, 창조적인 업무 분야인가?

인간이 하나님으로부터 전수받은 속성은 '창조성'이야. 크리스천이 좋은 것들을 창조해내지 않으면 세상은 불의한 것들을 만들어 세상을 채우게 돼.

넷, 세상 변화에 주도적 역할을 할 수 있을까?

세상의 빛, 소금이 되기 위해서 Down Up의 변화를 시도할 수도 있지만, 세상은 Up Down의 변화가 훨씬 빠르고 효율적인 게 현실이지.

바울이 그들에게 가매 **생업**이 같으므로

함께 살며 일을 하니 그 생업은 천막을 만드는 것이더라

사도행전 18장 2-3절

공과 사
가이사의 것은 가이사에게

네 것은 내 것, 내 것도 내 것

회사생활에서 '나'는 내 것일까? 회사 것일까?

세상 만물은 내 것과 내 것이 아닌 것의 두 가지로 분류할 수 있어. 물론 내 것이 아닌 것 중에는 부분적인 내 것이 있지. 이것을 공용이라고 해. 샐러리맨으로 30년 가까운 생활을 하다 보니 회사에서 지내다 보면 어느 게 내 것이고, 어느 게 내 것이 아닌지 가끔 잊을 때가 있어. 어떻게 보면 집보다 더 많은 시간을 보내는 곳이 회사지. 내 책상, 책 문구들, 내 컴퓨터. 하지만 엄밀히 따지면 내가 사용하는 회사의 물건이지, 내 것은 아니야.

사실 재물에 대해서는 우리가 조금만 신경쓰면 이게 내 것인지, 회사의 것인지는 쉽게 구분할 수 있어. 단지 사소한 것이거나, 아니면 불순한 의도를 가지고 의도적으로 남용할 마음을 먹지 않았다면 보통의 선량한 우리는 이 문제에서 크게 고민을 하지는 않지. 하지만 '나' 자신에게 속한 시간, 에너지, 아이디어를 생각하게 되면 그 구분이 좀 어려워져. 그래서 회사 안에서 '나'에 대해서 한번 생각해보려고 해.

회사에 속한 것

교회 생활을 열심히 하다 보면, 업무 중 교회 공동체로부터 전달되는 문자나 메신저를 접하는 경우가 많을 거야. 단순히 안부를 묻는 일이나 간단한 전달사항을 공지하는 단톡 메시지일 경우는 상황에 따라 휙 하고 내용을 스캔하거나, 잠시 짬을 내는 휴식 시간에 볼 수도 있지만, 어떤 목적이 있고, 그 결과를 피드백해야 하는 연락을 받게 되는 경우가 간혹 있어. 어떤 경우는 그 문제를 해결하기 위해 하던 업무를 잠시 멈추어야 하는 경우도 발생하게 돼.

"예수께서 말씀하시되 이 형상과 이 글이 누구의 것이냐
이르되 가이사의 것이니이다
이에 이르시되 그런즉 가이사의 것은 가이사에게,
하나님의 것은 하나님께 바치라 하시니."
[마태복음 22장 20절, 21절]

이 구절을 보면서 너는 아마 너의 재산에서 세상에 내는 세금을 생각할 거야. 분명히 이 구절도 당시 가이사에게 세금을 내는 게 맞는지

를 물어본 것이긴 하니까 너의 생각이 잘못된 것은 아니야. 그리고 우리는 국가에 기꺼이 세금을 내고 있잖아.

하지만 '가이사의 것은 가이사에게'에는 단지 금전적인 부분을 넘어서는 또 다른 부분이 있어. 특히 모든 것이 분업화된 시대를 살아가는 우리에게는 나에게 주어진 시간과 에너지와 내 지식도 하나의 재산이기 때문에 이 부분까지 이 성경 구절을 동일하게 적용해야 해.

네가 출근을 하고 회사에 있는 시간 동안 사실 너의 모든 것은 너에게 급여를 준 회사의 몫이야. 회사가 너에게 요구할 수 없는 건 너의 인격과 양심뿐이지. 그러니까 회사가 사회적 통념상 불법적인 것이나, 너의 인격을 침해하는 일이 아닌 정당한 지시라면, 너는 회사를 위해 네가 할 수 있는 모든 것들을 이용해서 회사의 목적에 부합하는 시간을 보내는 게 맞다고 생각해. 물론 고용계약서상에 네가 해야 할 일들과 하지 않아도 되는 일이 정확히 명시되어 있다면 문제가 없겠지만, 세상의 어떤 규정도 그런 부분을 아무런 분쟁의 소지 없이 딱 잘라 분류할 수는 없어. 그래서 암묵적으로 회사의 이익을 위해 너는 너의 시간과 에너지와 아이디어를 제공하는 게 맞는 거야.

'너의 삶에서 회사에 속한 시간 동안, 너의 모든 것은 회사의 것이다'가 내 생각이야.

회사에서 교회 일을 하기 위해 시간을 보내면서 하나님의 일을 하고 있다는 뿌듯함 같은 것은 가지면 안 돼. 어쩔 수 없이 잠깐잠깐 너의 업무시간에 방해를 받게 되면 미안함을 느끼고, 그 시간을 보상할 만큼 더 열심히 회사 업무에 열중해야 해.

나에게 속한 것

그러면 나에게 속한 건 무엇일까. 그건 네 인격이야. 인격이란 하나님의 속성을 닮은 사람의 영혼을 의미하는 것이고, 세상 무엇으로도 너의 인격을 차지할 수 없어. 네 인격은 오로지 너의 것이지.

그건 부부 간에도 해당하고 부모·자녀 간에도 해당하는 거야. 간혹 성숙하지 못한 부부관계에서 상대방의 인격을 소유하려는 집착을 보이는 경우가 있지. 이런 경우 그 관계는 결국 이런저런 아픔을 겪게 돼. 너의 인격은 하나님조차 소유할 수 없어. 그게 바로 하나님과의 인격적 만남을 거듭남의 진정한 출발로 보는 이유기기도 하지.

회사생활에서 너는 인격과 양심에서 온전히 너의 존재를 지켜야 해. 때로는 회사가 이런저런 이유로 너의 양심을 포기하게 하기도 할 거야. 네가 생각하기에 옳지 않다고 생각하는 일을 강요하거나, 불의한 편에서 너에게 업무를 요구할 때도 너는 너의 인격을 지켜야 해. 네가 회사생활에서 지켜야 할 것은 회사 업무 시간에서의 여유나 불의한 수입이 아니라 너의 인격과 양심이지.

이것을 지키는 것이 그다지 쉬운 일은 아냐. 우리는 조직이라는 커다란 세력 앞에 참 보잘것없는 존재이기 때문이지. 그래서 너를 온전히 지켜내기 위해 너의 업무에서 최고의 스페셜리스트가 되어가는 것을 멈추면 안 돼. 네가 아니면 대체하기가 어려운 존재가 되어가는 거지.

너의 신앙 생활은 아마추어가 되어도 좋지만, 너의 일에는 철저히 프로가 되는 것이 필요해.

가이사의 것 - 사회적 합의

크리스천들이 사회로부터 지탄을 받는 세상이야. '아니 땐 굴뚝에 연기 날까'라는 속담이 있어. 그런데 이 속담은 은근히 신빙성이 있는 것 같아. 세상사 돌아가는 걸 보면, 어떤 소문이 나고 뉴스가 나오는 초기 단계에 우리는 '설마 그런 일이 있겠어?' 하는 생각을 하지. 하지만 시간이 지나고 그 진상이 하나둘 나올 때면 왜 그런 소문이 나고 그런 기사가 나오게 되었는지를 알게 돼.

반기독교 정서에 대해서도 그런 부분이 있다고 생각해. 교회는 일부 교회 지도자들에게서 나오는 불미스러운 사건들을 대할 때 "그런 건, 일부의 일이다. 정상적인 교회가 아닌 수준 이하의 비인가 교단에서 나온 문제다"라고 현실을 부인했지. 하지만 사회는 점차 투명해져 가고, 세상은 두려울 정도로 정의롭지 못한 것들에 반감을 가지는 세상이 되었어. 더군다나 진리의 전달자라고 자부하는 크리스천들에게서 보게 되는 불의에 대해서 그 반발감이 증폭되는 거야.

복음의 진리를 지키는 것이 하나님의 것이라면, 삶에서 만나는 사회적 합의는 가이사의 것이야. 진리를 지키기 위해 몸부림치는 것이 우리의 사명이라면, 사회적 합의를 지키는 것이 우리의 의무라고 생각해.

코로나19로 세상이 온통 긴장하고 있는 상황에서 주일 예배를 고수해야 한다고 행정부의 지침을 무시하고 모임을 강행하는 것은 가이사의 것과 하나님의 것을 구분하지 못하는 일이라고 생각해. 반대로 어떤 권력이 의도적인 악의를 품고 교회예배를 금지(일본 강점기의 신사참배 같은 경우)하는 경우는 최선을 다해 예배를 지키는 것이 하나님의 것을 하나님께 드리는 것이지.

삶의 영역으로 확장

가이사의 것이 어떤 것일까, 나는 두 가지로 정리할 수 있다고 생각해.

첫째, 회사에서는 나의 모든 것이 회사의 것이다. 나의 시간도, 열정도, 지식도. 그렇기에 회사를 위해 최선을 다하고, 자기 계발과 신앙생활은 회사 밖에서 해야 해. 그렇게 지내다 보면 어느새 너는 일에서 스페셜리스트가 되어 있고 만족스러운 워라밸을 실천할 수 있을 거야.

둘째, 사회적 합의를 지키는 것은 크리스천에게도 비껴갈 수 없는 일이다. 우리는 세상에 발을 딛고 하늘을 보고 사는 존재이기 때문이야. 세상에서 둥둥 떠 있는 유령 같은 삶을 사는 크리스천이 되지 말았으면 해. 그런 크리스천으로 인해 예수는 지금도 탄식하고 있으시거든.

이 형상과 이 글이 누구의 것이냐,

이르되 가이사의 것이니이다

이에 이르시되 그런즉 **가이사의 것**은 가이사에게

하나님의 것은 하나님께 바치라

마태복음 22장 20-21절

선택

신념과 회사의 방침이
충돌할 때

스무고개

어린 시절 '스무고개'라는 놀이가 있었어. 지금으로 말하면, 일종의 보드게임이라고 할 수 있지. 한 사람이 어떤 단어를 생각하고 나머지 참가자들이 그 단어를 20개의 질문 안에 맞추어가는 게임이야. 게임 주도자는 참여자의 질문에 "예" 또는 "아니오"의 딱 두 가지 답만 할 수 있어.

게임 참가자들은 게임 주도자의 마음에 떠오른 단어를 찾기 위해 세상에 존재하는 단어의 카테고리를 선택하며 범위를 좁혀가는 거야. 대부분 첫 번째 질문은 "살아 있습니까?"로 시작해. 답이 "예"이면 그 다음 질문은 "식물입니까?"로 이어지지.

지금 생각해보니 논리학의 MECE(Mutually Exclusive Collectively

Exhaustive, 상호배제와 전체포괄 - 어떤 것을 서로 중복되지 않고 누락되지 않도록 분류하는 논리 전개 방식)와 빅데이터 기법이 적용되는 고도의 게임이었네.

왜 '살아 있습니까?'로 시작했을까? 생명이 있는 것과 생명이 없는 것은 만물을 구분하는 근원적인 경계이기 때문이야.

'살아 있다', '생명이 있다'라는 것은 환경에 반응한다는 거야. 그 반응이 본능일 수도 있고, 의지적 반응일 수도 있지만, 어찌 되었든 살아 있다는 것은 그 개체의 반응에 따라 그 이후의 상황이 달라지는 존재라는 것이지.

살아간다는 것은 반응과 선택의 연속이야. 세상에 첫울음을 터트리는 탄생의 순간부터 지금까지 매 순간의 선택이 지금의 너고, 앞으로 만들어가는 너의 시작점인 거야.

선택

그런 너에게 이런 질문을 던지고 있어.

"현실과 신념이 충돌할 때 어떻게 해야 할까?"

Case 1. 개인적 취향과 배치

Solution 1. 능력을 키워라 (사례 : 음악가 헨리 / 예능인 헨리)

가장 흔하게 생기는 갈등 요소야. 창의적 분야나 특정 전문 분야에서 이런 이해 상충의 상황이 나올 가능성이 크지만, 일반적인 업무 상황에서도 발생할 수 있어. 나는 결과물의 완성도가 만족스럽지 않은

데, 나의 보스는 일정 준수를 위해 이쯤에서 종료하라고 지시하는 경우, 나는 클래식 음악 전공자인데 고객 행사 이벤트에서 대중음악을 연주하라고 강요하는 일 등, 내 자존심, 취향을 무시한 채 행동을 강요받는 일은 업무 중 빈번히 발생하게 돼. 그럴 때, 나는 회사의 방침을 따르는 것이 우선이라고 제안해. 그렇지만 그저 따라간다면 너는 너의 목소리를 낼 수 없을 거야. 너는 회사의 방침과 너의 소신을 결합해서 더 좋은 결과를 얻을 수 있는 아이디어를 제안하고, 그것을 결과로 도출해낼 수 있는 능력을 키우는 데 게으르지 않아야 해. 전 세계를 무대로 버스킹을 진행한 〈비긴어게인〉의 헨리처럼 말이야.

Case 2. 사회 통념상 부도덕
Solution 2. 본질과 비본질을 구분할 것 (사례 : 고객 유익 or 회사 이윤)

이 경우는 두 개의 경우로 다시 세분화해서 반응해야 해. 명백한 범죄 행위를 조장할 때 너는 저항해야 해. 현실적인 문제, 회사가 주는 징계나 불이익 때문에 불법에 눈감아버린다면 너는 명백한 공범인 거야. 쉽지 않겠지만 저항하고 정의로운 방법으로 해결해야 해. 하지만 비본질의 문제가 있어. 경계가 모호한 부분들, 가장 흔한 것이 탈세와 절세 같은 경우야. 관점에 따라서 불법일 수도, 관례일 수도 있는 일들인데 너의 신념에서는 옳지 않다고 생각되는 일들이야. 그런 경우, 우선은 회사의 방침을 따르는 것이 맞다고 봐. 너의 양심 문제는 너의 권한 안에서 발휘해야 해.

'고객의 유익이 중요한가?', '회사의 이윤이 중요한가?' 이런 문제는 제품 개발 단계에서 항상 선택이 필요한 문제이기 때문에 그 선택의 자리에 너를 둔 이유가 있는 거야. 너의 결정에 따라 그 제품의 가치는 결정되는 거야. 어떤 것이 더 좋은 방향인지는 시간이 증명해주겠지. 너의 권한 안에서 소신을 가지고 결정을 실천해봐.

Case 3. 신앙적 양심과 충돌
Solution 3. 신중한 직업 선택, 일은 일로 대함, 세상과 구별됨

예를 든다면, 일요일에 근무를 하는 회사, 할랄푸드(이슬람의 종교적 규칙을 준수해 만들어지는 음식) 회사에 취업하는 경우이겠지. 극단적 비유를 해본다면, 소속 회사가 너를 불교사찰 관리인으로 발령한 경우, 불교의 예식에 참여하는 경우 등이 있을 거야. 신앙 생활을 하는 데 방해가 되는 업무 환경을 가지고 있거나, 종교적으로 배치되는 업종의 회사에 취업을 했을 경우, 어떻게 해야 할까?

직장을 선택할 때 경제적 유익보다는 신앙 생활의 관점에서 신중한 고려가 필요해. 하지만 절대적인 기준으로 삼을 수는 없는 게 삶의 현실이지. 그래서 일은 일로 대할 것을 제안해. 불교 행사, 이슬람의 예식에서 일할 수 있다고 생각해. 촬영하고 준비하는 일은 일로 접근하는 거지. 하지만 구별됨에 대한 선언을 할 필요가 있어.

나는 종교적 이유로 행사의 진행은 맡을 수 있지만, 그 행사의 참여자는 될 수 없음을 공포하는 거지. 여러 번 반복되면 너는 그 일에서 자유로워질 수 있을 거야(너를 대신할 누군가를 찾지 않을까?). 일요일 근무를 하는 환경이라면 수긍을 하되, 지속적으로 업무의 형태를 바꿀 기회를 찾는다면 다른 형태의 업무로 전환될 기회를 얻을 수 있을 거야. 아니면 너에게 선택의 기회가 왔을 때, 고민하는 시간을 줄일 수도 있을 거야.

슬기로운 직장 생활 실전 팁

회사의 방침이 비도덕적이지 않다면, 그리고 너의 인격을 침해하는 일이 아니라면, 좀 불만족스럽고, 불공평하다고 생각되는 일이 있더라도 의견은 적극적으로 피력하되, 최종결정은 회사의 방침, 또는 직속 상사의 결정에 순복할 것을 제안해. 너의 시간과 생각과 노동을 제공하는 대가를 보상받는 대신, 그 결과에 대한 책임은 회사에 위임하는 거지.

이제 막 사회 첫걸음을 시작하는 예수 청년에게 선배 예수쟁이가 주는 팁을 공개할게.

1. 슬로건에 현혹되지 말 것

슬로건은 현실보다 앞서가는 경향이 있어(공정한 기업을 강조하는 경우 그 부분이 가장 취약한 기업임). 수많은 슬로건은 기업의 취약점을 대변하고 있지. 조직의 현장은 대부분은 슬로건과 반대로 움직이지만, 궁극적으로는 슬로건을 따라간다는 사실을 기억해둬.

2. 적을 만들지 말 것

'저 사람, 정말 싫어!' 이런 경우는 많이 있지만, 그 모든 사람을 적으로 만들지는 않아야 해. 억지로 친할 필요는 없지만, 최소한 적대감은 가지지 않도록 생각을 다스려야 해.

3. 카멜레온이 될 것

자신의 위치에 가장 적합한 모습을 찾는 데 적극적인 자세를 보여줘. 이전의 관례적 방식은 존중하되, 너의 차별화된 접근 방법을 애드리브로 보여주는 거야. 의외로 좋은 결과를 기대할 수 있어.

4. 한 번의 성공에 도취되지 말 것

상황이 바뀌면 기대치도, 해결법도 달라지게 돼. 지난번 성공한 결과를 계속 내세우지 말아야 해. 그 성과가 지속적으로 이어지면 직접 공치사를 하지 않아도 자연스럽게 드러나게 돼. 어제의 성과는 이미 너의 경력에 반영된 결과일 뿐, 너에 대한 기대치는 이미 그보다 높아져 있어.

5. 무엇보다 정직하며 한결같을 것, 그러나 양파같이 신선할 것

한결같다는 것은 예측 가능하다는 거야. 어떤 일을 맡겼을 때 기대할 것이 있다는 것이지. 하지만 한결같은 것에 양파의 껍질 같은 거듭되는 신선함을 더한다면, 기대 이상의 결과에 환호할 거야.

너는 어느 지방에서든지 빈민을 학대하는 것과

정의와 공의를 짓밟는 것을 볼 지라도

그것을 **이상히 여기지 말라**

높은 자는 더 높은 자가 감찰하고

또 그들보다 더 높은 자들도 있음이니라

전도서 5장 8절

문화적 갈등

술, 관례, 접대

직장 생활의 갈등

'크리스천으로서 직장 내 문화와의 갈등' 이 주제가 어쩌면 내가 이 글을 쓰게 된 시작점인지도 몰라. 대학 시절, 나는 CCC라는 선교 단체에서 동아리 활동을 했어. 100여 명의 동아리 친구들은 대학생활의 자유로움을 기독교 동아리라는 구속에 자발적으로 반납하고도 하루하루 참 열심히들 살아냈어. 일주일의 생활 스케줄이 가득 적힌 순장 수첩에다 돌보는 후배들의 생활 일정까지 빼곡히 겹쳐서 적어놓고 행여라도 시간이 낭비될까 봐 후배들을 만날 시간을 챙기고, 캠퍼스 내 전도 활동도 틈틈이 하면서 하루가 48시간인 것처럼 살아냈지.

그런데 그렇게 열심이던 친구들이 막상 사회에 진입하면서부터 사뭇 다른 모습을 보이는 거야. 한 부류는 사회 진입에서 방향을 전환해 전문 사역자의 길을 가는 친구들이 있었고, 또 한 부류는 넘치는 열정을 한때의 추억으로 남기고 신앙적 신념과 삶의 자세 사이에 견고한 벽을 세운 선데이 크리스천으로 변해갔어. 그 이면에는 거부하기 어려운 직장 사회의 문화 갈등에 부딪히는 현실이 있었던 거지.

음주문화 – 술(담배) 권하는 사회

직장 문화 갈등에서 제일 먼저 만나는 벽은 음주 문화야. 어린 시절부터 음주는 신앙 생활과 공존할 수 없는 것이라고 수없이 들어온 탓에 '술을 마시는 사람 = 죄인'이라는 이미지가 깊이 새겨져 있어. 그래서 술을 입에 대지 않는 것은 신앙의 양심선언이라는 공식을 마음에 품고 사회에 첫발을 디디는 거지. 하지만 내가 사회에 첫발을 들여놓은 시절, 우리 사회는 "술 잘 먹는 놈이 일도 잘한다"라는 말도 안 되는 주장을 꽤 설득력 있는 것으로 받아들이는 문화가 만연했어. 술을 잘 마시는 사람은 대범한 사람이고, 일을 하고 사람을 대하는 데 있어 꽁하지 않고 원만하게 해결하는 능력이 있다고 거의 맹목적으로 확신하는 사람들이 대부분이었지.

그 배경을 잘 생각해보면 술을 잘 마시지 않는 사람들은 사회성이 좀 결여된 내성적인 사람이거나 크리스천인 경우가 대부분이었는데, 내성적인 사람들은 자신의 존재를 잘 드러내지 않으니 성과 지향적인 당시 직장 분위기에서 눈에 잘 띄지 않았을 거야. 불행히도 크리스천의 경우, 당시 교회 안에서 강조된 왜곡된 선민의식에 의한 이기적인 행동이

직장 동료들 사이에서 적지 않게 거스르는 부분이 있었기 때문이야.

이를테면 모두가 함께 남아 일을 해야 하는 수요일, 술을 마시지 않는 열심 크리스천들은 교회에 가야 하는 이유로 슬쩍 빠져나가기도 하고, 갑작스러운 보고자료 업무로 일요일에 모두가 출근하는 경우 예배를 드리기 위해 출근을 안 하기도 했으니까. "술 잘 마시는 사람이 일도 잘한다. 그리고 좋은 성과를 낸다"가 아예 틀린 말은 아니었던 거지.

요즘에는 직장 사회도 많이 변했어. 지금은 굳이 크리스천이 아니어도 자신의 의지에 따라 술자리를 적극적으로 피하는 청춘들이 많아. 그래서 금주 선언으로 자신의 신앙 고백을 해야 하는지에 대해서 조금 생각해볼 필요가 있어. 한국 사회에서 적당한 음주는 매우 유용한 소통의 도구야. 한국인들은 어려서부터 자신의 속 이야기를 하는 것을 매우 꺼리지. 그래서 술이라는 도구를 통해 서로를 이해하고 속마음을 이야기하기 좋아해.

술을 먹고 취하는 게 문제지, 술이 주는 약간의 이완 효과가 문제는 아닌데, 사실 그 경계를 조절한다는 게 그리 쉬운 일이 아니야. 그래서 아예 가까이하는 것을 금한 것이고, 어쩌다 보니 현실의 문제를 해결하기 위해 정한 기준이 하나의 율법이 되어 '술 = 죄' 공식처럼 각인된 면이 있어.

조금 위험한 제안이기는 하지만, 크리스천이 올바른 음주 문화에 관한 모범사례를 만들어가는 건 어떨까? 지난 시대와는 조금 달라진 세상에서, 꽁꽁 닫혀가는 세상살이에 서로의 문을 조금 열어주는 좋은 관계의 도구로 맛있는 음식을 사용하듯이 절제된 음주 문화를 한번 만들어보는 것 말이야. 이런 주장을 하는 나를 향해 성직자들이 뭐라고 반론을 할지는 그 반응이 안 봐도 눈에 선해.

관례 – 부도덕의 정당화

직장에서 만나는 또 하나의 갈등은 관례라는 이름으로 행해지는 부도덕한 행위야. 이전에는 관공서에 급행료가 있었어. 민원은 많고, 처리하는 공무원 인력은 부족한 상황에서 약간의 금전적 뇌물로 일의 처리 순서를 바꾸거나 진행속도를 높이는 것이지. 사실 관공서 말단 대민 창구에서는 좀 오래전 이런 관례들이 조금씩 없어졌지만, 아직도 크고 작은 급행료는 우리 사회에서 관례라는 이름으로 존재하고 있어. 김영란법(부정청탁 및 금품 등 수수의 금지에 관한 법률)이 우리 사회에 공포된 것이 2015년이니까 얼마 전까지도 관례로 행해지던 부당한 일이 얼마나 만연해 있었는지를 짐작해볼 수 있지.

비단 금전적 부도덕뿐 아니리 직장 사회에서 본인이 속한 조직의 오류를 공정하게 시인하는 건 결코 쉬운 일이 아니야. 사회를 떠들썩하게 했던 큰 사고들이 수없이 많은 진실규명 공방에도 그 실체가 드러나지 않는다는 것이 이 사회에서 정의를 투명하게 드러내는 것이 얼마나 어려운 일인가를 증명해주고 있어. 누군가는 분명히 알고 있는 진실이 왜곡되고 감추어지는 현장에, 그 연결점에 네가 있을 수도 있다는 생각을 해봐. 결코 쉬운 상황이 아닌 거야. 크리스천으로 정직과 성실과 공의를 신념으로 배워온 네가 바로 그 자리에 서 있다면, 너는 어떻게 해야 할까?

이런 상황에서 어떤 입장을 취할지 항상 준비해두고, 너의 기준을 만들어둘 것을 제안해.

나는 이런 기준을 가지고 있어. '세상에 100% 진실은 없다'는 거야. 생각하기에 따라 어떤 편에서는 진실이, 어떤 편에서는 진실이 아닐 수도 있는 거지. 안중근 열사가 우리에게는 독립투사이지만 일본의 보수 군국주의 세력에게는 테러범일 수도 있는 것처럼. 영리를 최고의 목적으로 하는 기업의 특성상 기업의 이윤 추구를 위한 다소의 과장이나 진실 호도는 따라 주어야 한다고 생각해. 하지만 그 결정이 한 사람이든, 집단의 생명과 직결된 일이라면, 많은 고통과 조직 내 비난을 감수하더라도 조금이라도 진실에 가까운 편에 서야 한다고 생각해.

접대, 필요악?

우리가 만나는 또 하나의 문화적 갈등은 공공연한 접대 문화야. 이것은 앞에 이야기한 부도덕한 관례와도 상관이 있지만, 거기서 한 걸음 더 나아가 이윤을 넘어 쾌락을 추구하기 위한 도덕적 불감증까지 갈 수 있다는 점에서 좀 더 심각한 부분이야. 접대를 시행하다 스스로가 접대를 즐기는 단계까지 갈 수도 있다는 거야. 자신의 비용으로는 하지 않을 과도한 소비를 판공비라는 공공의 비용으로 소비를 하면서 그 소비에 익숙해져 스스로 그런 자리를 만들고 요구하는 것이지. 이런 자리에서 어떤 입장을 취해야 할지는 좀 더 경험이 있는 친구들의 경험을 듣고 싶어. 나는 엔지니어로 평생을 살았고, 다행히도 엔지니어는 이런 유혹의 자리와 그다지 가깝지 않았어.

그래도 살면서 이런 유혹이 없었던 건 아냐. 그때 나는 이런 상황을 원천 봉쇄하는 방법을 찾았어. 외부에서 미팅을 요구하는 경우, 굳이 회사 회의실로 장소를 고집했고, 회사 구내식당 식권을 준비해서 같이 식사했지. 그렇게 서너 번 반복하면 상대방도 더 이상 불편한 요구를 하지 않더라고. '아, 이 사람에게는 이런 방법이 역효과를 가져올 수 있겠구나' 생각을 하는 것이지.

반대로 접대를 시행해야 되는 입장은 좀 더 어려울 거야. 이때는 진실과 끈기, 그리고 실력이 최선의 답이겠지. 중요한 것은 이런 경우도 상대방이 은근히 기대하려는 순간, 기대할 것이 없다는 것을 느낄 수 있도록 조금 단호한 입장이 필요해.

현명한 직장 생활을 위한 제안

사회 진입에서 만나는 문화적 충돌을 생각해봤어.

음주에 대해서는 '교회 안에 금주는 신실한 신앙'이라는 문화가 '음주를 건전한 문화로 선도해보자'는 생각으로 발전하기를 기대해. 사실

가벼운 음주가 인생사에 큰 해악은 아니거든.

관례적 부도덕은 내가 아닌 회사의 이윤이라는 입장에서 생각하되, 그 결과가 인격이나 생명을 해하는 상황이라면 단호하게 진리에 서라고 제안해.

접대 문화는 애초에 싹이 자라지 않도록 선제적으로 너의 입장을 공지하는 게 향후 어쩔 수 없이 끌려다니는 것보다 훨씬 좋은 결과를 가져온다고 확신해.

보라 내가 너희를 보냄이 양을 이리 가운데로 보냄과 같도다

그러므로 너희는 뱀 같이 **지혜롭고** 비둘기 같이 순결하라

마태복음 10장 16절

소통

상사와의 갈등을 대하는 자세

90년대생

최근 화제가 되고 있는 '90년대생'이라는 용어가 있어. 문재인 대통령이 청와대 직원들에게 선물했다는(읽기를 권유했다는) 임홍택 작가의 《90년대생이 온다》라는 책에서 소개된 이 시대 청춘들을 지칭하는 용어야. 3차 산업에서 4차 산업으로 전환되는 시기, 전통적인 권위주의의 사회가 붕괴되고 개인주의 사회가 무르익어 가는 시기에 사회에 진출을 시작하는 90년대생의 특징에 대해 기존 세대 구성원들에게 예방주사를 맞히는 내용이야.

인간의 수천 년 역사 기록에 세대 차가 없었던 시절이 없었지만, 이 시대 한국 사회가 맞고 있는 90년대생과 기존 세대 간의 세대 차는 그 충격이 사뭇 다른 상황이기에 이 책이 장기 베스트셀러가 되었다고 생각해.

이 책에서는 90년대생의 특징을 세 가지로 요약하고 있어.

첫째, 간단하거나 : 길고 복잡함 추구에서 간단함(단축) 추구로 전이 – 장황한 부연 설명 불요

둘째, 재미있거나 : 삶의 목적 추구에서 삶의 유희 추구로 전이 – 진지충에 대한 반감

셋째, 정직하거나 : 순수함(Honest) 추구에서 완벽함(Integrity) 추구로 전이 – 관례적인 부도덕에 반감

이제 막 사회에 진출을 했거나 진출을 앞둔 너희들의 특징이라고 하는데, 공감 가는 부분이 있을까? 이렇게 특징을 지었다는 것은 기존 사회의 구성원들이 이 세 가지 부분에서 너희들과 상당히 다른 입장을 취하고 있다는 거야. 그리고 바로 그 사람들이 너희들의 상사라는 것을 의미해.

갈등의 요소

한때 인터넷상에 떠돌던 '직장 생활 백서'라는 글이 있었어. 그 글에서 기존 직원이 힘들어하는 신입 사원의 모습과 신입 사원 눈에 견디기 힘든 상사의 특징을 정리해놓은 글이 인상적이었어. 사회의 기존 구성원 입장에서 꼴불견 신입 사원 4선은 상당히 공감되었어.

꼴불견 신입 사원 4선

① 잘난 척(자신감 과다)

② 나댐(오버 액션)

③ 게으름(배려에 대한 배신)

④ 어리바리(사오정)

꼴불견 상사 4선

① 자기 고집(계급이 깡패)

② 안 되면 되게 하라(무데뽀)

③ 게으름(실적만 챙김)

④ 자기도취

공감, 소통

90년대생을 구분하고, 신입 사원과 기존 사원을 구분해 특징화하기는 했지만, 실제로 사람 사는 사회는 어느 정도 비슷한 합의가 있는 게 현실이야. 〈미생〉 등의 드라마나 영화 등을 봐도 어떤 모습이 좋은 후배이고, 어떤 모습이 좋은 상사인지에 관한 생각은 어느 정도 합의점이 있어.

스쳐 지나가는 사람의 사소한 행동 하나에도 화가 나고 짜증이 나는 경험을 해봤을 거야. 하지만 내가 좋아하는 그 누군가가 동일한 행동을 하고 하고 있다면, 그 모습이 사랑스러워 보이기도 하거든. 문제는 상대에 대한 애정과 상대방의 입장에 대한 공감이라고 생각해.

우리 사회에는 악의적으로 상대를 짓밟고서야 생존할 수 있다는 사고를 가지고 있는 사람이 꽤 많은 것이 현실이야. 이런 상사를 만난다는 건 참 불행한 일이야. 우리의 인생에서 고난을 피해갈 수 없듯이, 이런 상황도 피해갈 수 있는 것은 아니야. 이런 경우, '나는 당신에게 칼을 들이댈 사람이 아니다'라는 확신을 주어야 해. 좀 비굴해 보일지 모르지만, 그에게 충성을 맹세하는 제스처를 보여주는 것도 좋은 해결 방법이야.

다행히 최근에는 우리나라 기업들도 직원 인사에 개인의 투명성과 도덕성을 참고 지표로 활용하는 추세야. 단순히 일의 성과만을 보는 게 아니라 협업자 간의 평판, 인성도 고려하기 시작한 것이지. 그래서 너희들이 함께 일하게 될 세상에서는 악의적인 출세 지향적 성향의 인물들은 조금씩 사라져갈 것이라고 기대해. 그리고 그렇게 할 힘이 너희들에게 조금씩 주어지고 있어.

직장인 에티켓

이제 막 사회구성원의 첫걸음을 시작하는 너희에게 내가 27년간 치열하게 분투하며 도달한 직장인 에티켓 10계명을 소개할게.

① 도덕적으로 순결할 것 : 통념적인 부조리에 순응하지 말 것
② 너그러움을 소유할 것(조금 손해 보기) : 우리는 모두 주위 사랑에

빚진 자

③ 유머 감각을 지닐 것 : 세상 주관자는 하나님, 일희일비하지 않는다.

④ 공과 사를 구별할 것(가이사의 것은 가이사에게) : 근무 시간, 회사 비품 사적인 사용 자제

⑤ 평상시 모임에 적극적으로 참여할 것(술자리 포함) : 이런저런 일로 빠질 일이 많음을 미리 대비

⑥ 동등하게 대우받기를 요구하지 말 것 : 같은 실수를 해도 크리스천에게 더 따갑게 반응

⑦ 기독교에 대한 비판에는 웃음으로 대응할 것 : 비판에는 기대가 포함되어 있음

⑧ 상급자 앞에 당당할 것 : 자신감 있는 모습에 소신이 담겨 있음

⑨ 월요일에 피곤한 모습을 보이지 말 것 : 주일 저녁 가능한 한 편하게 쉴 것(몸도 마음도)

⑩ 가정에 충실할 것 : 가정의 화목은 우리의 최고의 무기임

너희는 모든 악독과 노함과 분냄과

떠드는 것과 비방하는 것을

모든 **악의와** 함께 버리고

에베소서 4장 31절

협업

동료를 대함

조별 과제

이 주제를 시작하면서 '조별 과제'라는 단어를 검색해봤어. '조별 과제에서 멘탈', '조별 과제 – 이런 사람은 되지 말자', '조별 과제 기피 대상' 이런 문장들이 눈에 들어오네. 그만큼 조별 과제는 즐거움도 있지만, 예기치 않은 복병이 있다는 거야. 나 혼자 아무리 기발한 아이디어와 뛰어난 능력이 있어도 누구를 조원으로 만나느냐에 따라 소중한 나의 성적이 좌우되는 거지. 마치 우리의 인생처럼 말이야. 간혹 같은 클래스의 동료들과 차원이 다른 능력자가 수강생인 경우가 있어. 그 능력자와 같은 조에 편성되는 행운이 따른다면 나의 성적은 로또를 맞을 수도 있지만, 현실에서는 그렇지 않은 경우가 다반사야. 같이하기로 한 준비 모임에 나오지 않고 "알아서 해"로 일관하는 친구, 실행력은 하나도 없으면서 엉뚱한 아이디어만 넘치는 친구, 아무런 문제를 제기하지 않다가 마감 날 가서 "이건 내가 할 수 없는 일이네" 하고 툭 포기를 선 언하는 친구.

네가 살아갈 사회 생활의 일은 이런 조별 과제의 연속이야. 스티브 잡스(Steve Jobs) 같은 천재도 결국은 혼자서 아이폰을 만들어낸 것은 아니거든. 하드웨어를 만들어주는 삼성이라는 파트너가 있었고, 터치스크린 유리를 만드는 기술을 가진 고릴라 글라스가 있었고, 애플 안에서 설계와 테스트, 심지어 아이콘의 테두리 곡률을 결정해준 디자이너의 직감도 스티브 잡스가 천재적 제품을 만들어내는 데 기여한 거지.

사회 진입을 앞둔 너는 어떤 마음을 가지고 있을까? 새로운 출발에 대한 설렘? 아무렴 어때, 일단 누군가 나를 뽑아만 주면 좋겠어 하는 절박함? 내가 잘 할 수 있을까 하는 두려움?

내가 처음 자동차 R&D 센터에 입사하던 때가 생각나. 태어나서 처음 가보는 울산이라는 곳에 가기 일주일 전, 나는 서점에 가서 자동차 관련 코너에 한참을 서 있었어. 앞으로 무슨 일을 하게 될지 전혀 알지를 못하는 상황에서 나름대로 준비할 수 있는 일이 그것밖에 없었거든. 서점에 있던 자동차 공학, 자동차 정비 매뉴얼, 전자회로집 등을 뒤적이다가 '이런 게 필요하겠지?' 하는 생각에 두세 권의 책을 샀고, 울산 기숙사까지 끙끙거리며 끌고 갔지. 하지만 그 책은 실제 업무에는 거의 무용지물이었어. 이미 세상에 책으로 나올 정도의 지식은 회사에서 그다지 중요한 것이 아니었던 거야. 그보다는 동료 및 선배, 상사들과 생활하는 마음의 자세가 업무를 하는 데 훨씬 큰 영향을 미치는 거야. 단 5분 만에 해결할 일을 혼자서 끙끙거리며 온종일 씨름할 수도 있고, 이미 다 정해져 있는 절차를 몰라서 반복되는 실수를 계속할 수도 있어.

사회는 생각보다 훨씬 유기적으로, 하지만 네가 기대하는 것보다 참 허술하게, 그러면서 잘 돌아가고 있다는 사실을 알게 될 거야. 결국 회사의 업무도 조별 과제 수행의 연결선상에 있는 거야.

유리병에 담기 – 구슬 같은 사람

너는 조별 과제를 할 때 어떤 유형의 조원이었을까? 모래 한 줌과 구슬 한 줌을 한 병에 담으려고 할 때, 어떻게 하면 될 수 있는 한 많은 양을 병에 담을 수 있을까? 네가 모래로 먼저 병을 채운다면 구슬은 단 한 개도 넣을 수 없을 거야. 반대로 구슬을 먼저 가득 채우면 모래는 구슬 사이 사이로 흘러 들어가 상당히 많은 양을 넣을 수 있어. 회사생활에서도 항상 구슬과 같은 사람이 있어. 어느 곳에 내어놓아도 존재가 빛나는 사람이지. 최악의 경우 찌질이들만 모아놓아도 그중에 분명 빛나는 구슬이 생겨나고, 세상에 날고 기는 능력자들만 모아놔도 그 조직에서 일부만이 빛나는 구슬이 되지.

이탈리아의 경제학자 빌프레도 파레토(Vilfredo Pareto)는 이런 현상을 "20 : 80 – 모든 조직은 상위 20%에 의해 80%가 이끌려간다"라고 정의했어. 이 법칙은 의외로 사회 전반에서 꽤 설득력 있는 기준으로 받아들여지고 있어(회사마다 차이가 있겠지만, 내가 근무하는 회사도 인사고과 등급 비율이 S등급 5%, A등급 15%니까 상위 고과를 받는 비율이 20%야).

네가 빛나는 구슬 20%에 연속해서 들 수 있다면, 너의 사회 생활은 꽤 성공 길을 걷게 될 거야. 신입 사원 중 20%, 그다음 직급에서 20%, 또 그다음 보직자(팀장, 조직장)가 되어서 상위 20%를 유지한 너는 그 조직의 중역까지도 도달할 수 있어.

세상에는 파레토 법칙과 대응하는 '레드 퀸 효과'라는 것도 있어. 《거울나라의 앨리스》(《이상한 나라의 앨리스》 후속 편)라는 작품에서 앨리스가 레드 퀸과 열심히 달리기를 하면서 도무지 나무의 그늘에서 벗어나지 못하자 레드 퀸에게 묻는 장면이 나와. "계속 뛰는데 왜 나무를 벗어나지 못하나요? 내가 살던 나라에서는 이렇게 달리면 벌써 멀리 갔을 텐데…."

레드 퀸은 이 질문에 "여기서는 힘껏 달려야 제자리야. 나무를 벗어나려면 지금보다 두 배는 더 빨리 달려야 해"라고 말한다. 내가 아무리 열심히 달려도 주변이 나보다 빠르면 도태된다는 이야기지. 네가 상위 레벨로 올라갈수록 네가 달리는 러닝머신의 벨트는 더 빨리 돌게 되어 있어. 그래서 네가 지금은 빛나는 구슬이어도 계속 그 구슬의 자리가 보장되는 것은 아니야.

모래 같은 사람

회사에는 구슬과 같은 인재들만 있지는 않아. 요즘 우리 회사에 들어오는 친구들은 30~40대 1의 경쟁을 뚫고 입사를 해서 실력들이 매우 뛰어나지. 외국인 업무 파트너와 영어로 업무 미팅을 하면서 바로 한글로 번역된 회의록을 써 내려가더라고. "우리 때는 손가락만 접었다 폈다 할 줄 알면 입사를 할 수 있었다고(운전면허 시험을 볼 때 인지검사 하는 것을 말함)"라고 우스갯소리를 할 만큼 우리 시대 사람들과는 실력 차이가 확연히 있는 거지. 하지만 회사는 이런저런 사람들이 어우러져 회사의 이윤이라는 목적을 향해 협업하는 거야.

회사 안에는 우리의 쾌적한 업무 환경을 유지하기 위해 청소를 하는 사람부터 연구 개발을 하는 사람, 판매를 하는 사람, 고객의 고충을 듣기 위해 감정 노동을 하는 사람 등 다양한 업무를 하는 사람들이 자신이 가진 능력을 다양하게 활용하며 일을 하고 있고, 이 모든 게 어우러져서 한 방향을 향해 가고 있는 거야. 그래서 그 조직에서 빛나지는 않지만, 공간을 채우는 모래 같은 사람들이 필요한 거지. 택배 물건을 받았을 때, 너의 소중한 제품을 보호하기 위해 주변을 메우고 있는 뽁뽁이도 너에게 기쁨을 주는 데 한몫을 하고 있었다는 것을 잊으면 안 돼.

네가 회사에서 모래 같은 사람이 되어도 너무 자괴감을 느낄 필요는 없어. 그 일은 그 일대로 소중한 일이라는 거야. 그리고 한 가지 부탁하고 싶은 것은 네가 조금 더 큰 권한을 가진 자리에 있게 되었을 때도 그 모래 같은 조직원에 대한 존중과 감사를 잊지 않았으면 해. 그렇다면 너는 빛나는 구슬 중에 더 빛나는 구슬이 될 수 있을 거야. 너의 관심을 받은 모래 같은 조직원들은 너에게 좋은 이야기를 해줄 거야. 불행히도 너무나 빛나는 구슬은 존중과 칭찬을 당연한 것으로 받아들이지만, 평소 관심 밖에 있는 사람들은 작은 관심에도 더 크게 감동받거든. 물론 이들에게 감사하는 척하는 건 좋지 않아. 가식의 마음은 곧 들통이 나고, 그때의 실망은 적의로 나타날 수도 있어. 진심을 담아 감사해야 해.

물과 같은 사람

조직에는 또 다른 부류의 사람들이 있어. 바로 물과 같은 사람이야. 물은 자신의 형태를 고수하지 않아. 그래서 구슬과 모래로 가득한 병에도 물은 구석구석 흘러 들어가 틈새를 메꾸어주는 역할을 하지. 그리고 그 병을 알차고 빛나게 만들어줘. 조금 어색한 비유일지 모르지만, '화룡점정'을 이루는 사람들이야. 조직을 단단하고 알차게 만들어주는 사람.

크리스천이라면 이런 존재가 되는 것도 좋은 것 같아. 자신의 모습도 맛도 없지만, 어디에 있던지 그 조직을 완성도 있게 만들어주는 사람.

이렇게 되기 위해서는 '희락, 화평, 오래 참음, 자비, 양선, 충성, 온유, 절제'와 같은 성령의 열매가 충만해야 해. 나를 내세우기보다 예수의 도를 세우는 삶. 세상에 이런 사람들이 많아지면 너의 직장 생활은 좀 더 행복해지게 될 거야.

협업하는 자세

사회로 발을 딛는 순간, 너에게는 조별 과제의 연속이 열리게 돼. 그동안 만났던 조원들을 한번 생각해봐. 다시 같이하고 싶은 사람, 다시는 같이하고 싶지 않은 사람, 같이해서 큰 유익을 본 사람, 같이하는 시간은 즐거웠지만 결과는 그다지 좋지 않았던 사람. 그리고 너는 그 조원들에게 어떤 존재였는지, 네가 인기 있는 멤버였다면 너의 어떤 점을 친구들이 필요로 했는지, 네가 기피 대상이었다면 너의 어떤 점을 친구들은 불편해했는지를 잘 복기해봐야 해.

이 사회에서 살아간다는 것은 그 일을 계속해가야 한다는 거야. 그리고 어쩌면 한번 맺어진 조원들과 평생을 같이해야 하는 경우도 생긴다는 거지.

Case 1.
네가 빛나는 구슬 같은 존재라면 너를 빛나게 해주고 있는 너의 주변에 감사를 잊지 않아야 해. 그리고 그 감사를 적극적으로 표현해야 해. 대부분의 칭찬과 보상은 빛나는 너에게 주어질 것이고, 너는 그것을 누릴 권리가 있어. 하지만 조금만 생각을 바꿔서 너의 성과를 주변과 나눈다면, 너는 더 빛나는 구슬이 될 거야.

Case 2.
네가 모래와 같은 존재라면, 너의 주변에 있는 빛나는 구슬을 시기하거나 질투하기보다 그가 가진 부족함을 충실히 채워줘서 그 자리가 확고하게 될 수 있도록 지원해줘. 그리고 그 구슬이 너의 지원을 든든히 느낄 수 있도록 따듯한 배려도 잊지 말고. 구슬은 빛나지만, 항상 그 자리는 불안해. 어디로 구를지 알 수 없거든. 너의 든든한 지지가 힘이 될 거야.

Case 3.

너는 물과 같은 존재가 될 만큼 성숙해지는 것을 멈추지 마. 조직이 한계 상황에 왔을 때 플러스알파를 이루어낼 힘이 될 거야. 네가 물과 같은 존재라면, 너와 함께하는 조직은 이미 축복을 받은 조직이야.

자, 이제 너의 직장 생활에 빛이 좀 보여?

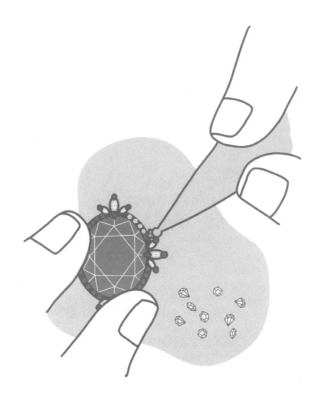

토기장이가 **진흙 한 덩이**로

하나는 귀히 쓸 그릇을,

하나는 천히 쓸 그릇을 만들 권한이 없느냐

로마서 9장 21절

보상

급여가 형편없어요

의욕 상실

일하는 것, 직장 생활을 하는 이유는 뭘까? 에덴에서 추방된 아담에게 주어진 과제는 땀 흘려 일을 해야 땅의 소출을 얻는 것이었어. 이 사건이 우리가 일하게 된 출발점이라면 직장 생활에서 보상(급여)은 가장 중요한 요소지.

사회에 첫발을 딛는 순간, 우리는 아직 덜 여문 상태로 일터를 선택하게 돼. 출신 학교의 사회적 인지도, 전공 분야의 사회적 수요, 그리고 자신의 실력 등을 기준으로 급여, 복지, 출퇴근 시간을 고려한 근무 환경, 사회적 평판 등을 판단해서 거래를 시작하는 거지. 이때 나의 가치를 분명히 알고 있다면 최상의 협상을 이루어낼 수 있겠지만, 이제막 사회의 구성원이 된 상태에서 자신의 실력을 객관적으로 판단할 수 있는 경우는 그다지 흔하지 않아. 그래서 생각할 수 있는 범위 안에서 최선의 선택을 한 결과가 지금 일하고 있는 직장이겠지. 이제 막 회사 생활을 시작한 때는 모든 것이 낯설고 월급날 급여를 받는다는 것 자체가 경이로운 일이라서 그 보상의 적정성 여부를 인지하지 못하는 경우가 많아.

직장 생활 1~2년이 지나 업무에 익숙해지고, 후배 사우를 맞이하는 시점이 되면 자신의 가치와 급여 수준의 적정성에 대한 회의감이 찾아오는 시점이 있어. 동종 업계에서 일하는 친구들의 급여 수준과 비교하게 되고, 회사 내 동료들의 급여와도 비교하게 돼. 어떤 경우는 나보다 늦게 입사한 후배의 급여를 슬쩍 보니 나보다 실수령 급여가 높은 경우도 있어. 이때 너는 회의감을 느끼게 될 거야.

급여에 대한 회의는 서로 다른 두 개의 생각으로 다가오지. 내 능력에 비해 급여가 부족하다는 생각이 하나이고, '이렇게 벌어서 언제 이 생활을 벗어날 수 있을까?' 하는 불투명한 미래에 대한 불안감이 또 하나야. 이런 회의감이 오면, 급여일 다음 날 회사를 향하는 발걸음은 한없이 무거워져. 의욕상실에 빠지는 거야.

가치를 산정하기

내 기대보다 낮은 급여를 받는다는 생각이 들 때, 이직을 생각하게 돼. 그런데 인간은 변화를 두려워하는 속성이 있어. 나치 유대인 수용소에서 절망의 현실에 직면한 인간의 심리와 생존의 상관성을 경험하고 수용소에서 살아남은 후《죽음의 수용소에서》라는 책을 저술한 심리학자 빅터 프랭클(Viktor Frankl)은 매일매일 가스실로 이송되어가는 유대인들의 행동을 통해, 사람은 어떤 것이 삶의 길인지 모르는 상황에서 새로운 환경으로의 변화에 대한 두려움으로 지옥 같은 수용소에 남기를 희망한다는 사실을 이야기하고 있어. 이직을 하는 것이 좋은지, 이곳에 남아 그대로 불만족스러운 급여를 수긍하고 생활을 이어가는 것이 좋은지 판단이 되지 않은 상황에서 많은 경우, 고민만 하다 이직의 기회를 덮어두는 경우가 많아.

협상

급여 수준이 형편없다고 생각된다면 용기를 내봐. 우선, 너의 급여가 정당한지 스스로를 진단해봐. 그리고 너의 결정권한을 가지고 있는 결정권자와 대면을 해봐(급여 실무자는 의미가 없어. 인사권을 가지고 있는 책임자, 가능하다면 전권을 가지고 있는 기업의 실제적 오너이면 좋겠지). 이때 근거 있는 자료가 필요해. 지금 사회는 권위적 자세를 가지고 있는 경영자와 혁신적 사고를 가지고 있는 경영자가 혼재된 사회야. 어떤 기업은 연공서열과 오너의 절대적 권한이 아직도 크게 작용하고 있고, 또 어떤 기업들은 개인의 능력에 따라 매우 유연하게 인사행정이 이루어지고 있지. 네가 2~3년 정도 근무를 했다면 어느 정도 기업의 특성은 파악이 되어 있을 거야. 권위적 분위기의 회사라면 최대한 자연스러운 어필이 중요해. 조금 더디더라도 너의 능력에 대한 눈에 띄는 실적 한두 개를 잘 포장하는 거야. 이런 회사의 경우, 공식 절차보다는 비공식 루트를 통해 많은 결정이 이루어지기 때문에, 기회를 보면서 자연스럽게 인사권을 가진 상사에게 너의 실적을 자랑하는 게 좋아. 최대한 건방져 보이지 않도록, 상대방의 도움에 대한 감사를 강조하면서 성과를 자랑하는 거지. 이런 기회를 얻을 수 없다면 회사 내에서 너의 입지는 그다지 단단하지 않은 상태라고 봐. 그렇다면 너의 능력은 그 정도 수준인 것을 인정해야 해. 물론 다른 환경에는 또 다른 결과가 나올 수도 있기 때문에 적극적으로 이직을 고려해볼 필요도 있어.

조금 더 개방적이고 진취적인 경영 마인드를 가지고 있는 회사라면, 너는 좀 더 객관적이고 정량화된 실적을 정리해둘 필요가 있어. 그런 회사들은 너의 성과를 증명하기 위한 이런저런 경로들이 있어. 단지 귀찮아서, 부담이 되어서 성과를 증명하는 일을 게을리한다면 더 좋은 보상은 기대하지 않는 게 좋아. 진취적인 회사는 진취적인 행동에 더 많은 점수를 주기 때문이야.

경력 업그레이드 제안
급여가 형편없다고 생각될 때 행동 지침

1. 스스로의 능력을 진단한다
단순 금액을 비교하지 말고 회사 동료들의 성과, 타사 친구들의 노동 강도 대비 너의 수준을 진단한다.

2. 능력 대비 보상이 미흡하다고 판단되면 협상을 한다

이때 너의 수준을 객관화해서 수긍이 가도록 어필한다. 회사의 분위기에 따라 적절한 방법을 모색한다.

3. 회사가 너의 기대 수준을 충족시켜줄 수 없다고 판단될 때 이직을 위한 적극적인 행동을 한다

하지만 이때 세상 떠벌리고 다닐 필요는 없다. 너의 패를 먼저 보여주는 순간, 너는 사면초가에 놓일 수 있다.

4. 절대 다음 플랜이 준비되기 전에 사직서를 내는 일은 하지 않는다

이직 기간을 통해 1~2개월간 너의 시간을 갖는 것은 인생에서 매우 유익하다. 하지만 그것은 다음 플랜이 준비된 상태에서 하자. 무작정 쉬면서 다음 플랜을 준비하는 건 득이 될 것이 없다. 네가 처음 직장을 선택할 때를 생각해보자. 초조함은 악수(惡手)를 두게 한다.

그리고 조금 냉정하게 생각해봐야 해. 너는 열심히 하고 있는데 주변이 나를 알아주지 않는다고 생각된다면 네가 일을 잘 못 하고 있을 가능성이 있어. 회사는 열심히 일하는 사람을 원하지 않아. 회사에 유익을 주는 사람, 즉 회사에 유용한 성과를 내는 사람을 원하는 거지. 성과도 없이 일만 열심히 하는 멍부는 회사에서 보면 에너지 뱀파이어라고 볼 수 있어.

이제 **가서 일하라**

짚은 너희에게 주지 않을지라도

벽돌은 너희가 수량대로 바칠지니라

출애굽기 5장 18절

6장 ———— '사회 이슈'를 대하는 자세

온 이스라엘이 왕이 심리하여 판결함을 듣고
왕을 두려워하였으니 이는 **하나님의 지혜가**
그의 속에 있어 판결함을 봄이더라

열왕기상 3장 28절

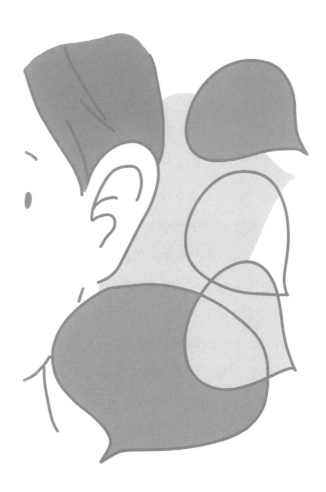

빈부 갈등

동정이 아닌 나눔,
정의감과 당당함

착각 - 평등한 세상에 대한 기대

부의 불평등은 필연적으로 존재해. 인정하기 불편하고, 때로는 타오르는 정의감에 속이 부글거려도 역사 이래 부의 편중, 빈부 갈등의 문제는 사라질 수 없는 것이 명백한 현실이지. 인류사에서 에덴동산을 제외하고 유일하게 빈부 갈등이 최소화되었던 사례는 이집트를 떠나 광야를 유리하던 모세의 출애굽 공동체가 아닐까 싶어. 오직 단 하루를 위한 양식으로 주어졌던 '만나'였기 때문에 더 많은 소유의 축적이 필요 없었던 시기지. 하지만 이 기간은 매우 짧게 지나가고, 가나안 입성 후 전쟁을 이어가면서 전리품이 생기고, 지파에 따라 분깃이 나누어짐에 따라 결국은 부의 불평등으로 이어졌어.

어떤 제도나 정치집단에 의해 빈부의 갈등이 해결될 수 있다는 생각은 심각한 착각이야. 사실 진정한 평등을 원하는 권력은 세상 어디에도 없지. 완전한 평등이 이루어진다면, 그 권력조차도 힘을 얻을 수 없고, 세상은 완전한 무정부 상태가 될 공산이 크지 않을까? 그럼 이 불공정한 세상, 특히 소유가 불공정한 세상을 어떻게 살아가야 하는가의 문제가 남게 돼.

우리는 간혹 유언으로 전 재산을 사회 환원한다는 독지가의 기사를 접하는 경우가 있어. '어떻게든 한 푼이라도 더 많이 가질 수 있을까?'를 고민하고 사는 우리 같은 보통 사람들의 눈에 비치는 독지가는 참 대단한 사람이라는 생각을 하게 돼. 그런데 언젠가 비슷한 기사를 접하면서 마음속 한편에 불편한 마음이 슬금슬금 올라왔어. "내 재산을 전부 사회에 환원하겠습니다"라는 생각의 저변에는 자신이 쌓은 부가 자신의 전리품이라는 생각이 깔린 건 아닐까? '나는 이것을 모으기 위해 평생 살아왔고 그 대가로 이만큼의 부를 쌓았으니, 이제 이 모든 것을 세상에 내놓음으로 내 이름을 세상에 남겨야겠다'라는 생각이 있는 건 아닌가 하는 불편함이었어.

그 누구도 혼자서 무엇인가를 이룰 수는 없어. 누군가가 사업으로 부자가 되었다면, 그 사업가의 사업수완과 시대를 잘 만난 운때가 한 축을 이루었겠지만, 또 한 축에는 그를 위해 일한 직원들이 있고, 그와 거래를 했던 사업 파트너가 있지. 어떤 이유에서든 탁월한 성과를 거둔 이면에는 그 성과를 정당하게 배분받지 못한 직원과 사업 파트너가 있었던 거지.

좀 논리적 비약을 한다면, 그 독지가가 엄청난 일벌레로 밤낮없이 일하는 동안 그의 아내와 자녀들은 가족이 정당하게 누려야 할 행복의 순간들을 빼앗겼다고도 할 수 있는 거야. 몇 푼의 성과금으로 자신의 직원들에게 할 일을 다했다는 생각이나, 가족에게 주는 풍족한 생활비나 용돈이 가족의 역할을 보상하기에 충분했다고 하는 생각은 정당하지 않아.

한국의 대기업 총수들이 이룬 부를 자신들만의 성과인 양 경영권과 상속을 마음대로 하는 것도 같은 맥락의 사고방식 때문이지. 한국의 대기업은 세계 시장과의 경쟁에서 매우 독특한 지지 세력을 바탕으로 성장했어. 우선 정부의 전폭적인 지지가 있었지. 수많은 제도적 특혜와 묵인된 탈세, 그리고 편법적인 재산상속을 보증받았고, 근면하고 충성된 직원들로부터의 실제적인 노동 착취가 그 기반이었어.

1960~1990년대 한국 사회 경제 부흥기에 성공한 사업가 중 이런 특혜를 누리지 않은 경우가 없지. 그런데 이 시점에서 그 모든 것이 자신의 것인 것처럼 선심 쓰듯이 사회 환원을 언급했던 것에 반감이 생겼던 거야.

동정 vs 나눔

분명 나는 누군가보다 가난하고 누군가보다는 부자야. 이런 게 세상 이치야. 그리고 내가 부자인 것은 나만의 노력이나 재능으로 된 것이 아니야. 내가 가난한 것도 나만의 잘못은 아니지. 물론 가난한 사람은 가난한 이유가 있는 경우가 있지만, 혼자만의 힘으로 극복이 불가능한 태생적 한계와 사회적 장애물들이 존재하는 것도 부인할 수 없는 현실이거든.

방송을 보다가 울컥한 마음이 든 적이 있어. 신입 사원을 뽑는 면접장에서 면접관이 응시자들에게 질문을 하나 했어. "해외연수(여행)에서 있었던 에피소드 하나를 말해보세요!" 응시자들은 열심히 자신의 경험을 하나씩 이야기했어. 하지만 한 지원자는 해외여행을 해본 적이 없었던 거야. 수업이 끝나면 알바를 해야 했고, 알바비와 학자금 융자를 보태서 등록금을 내고 생활을 해야 했던 상황이라 해외여행은 꿈조차 꾸지 못했던 거지. 취직을 하면 여행을 가봐야겠다 생각했는데, 면접 자리에서 받은 질문에 아무것도 답할 수 없는 자신의 모습에 쓸쓸히 면접 자리를 일어나는 장면이었어.

누군가는 부모님이 지원해주는 학비와 생활비로 공부를 하고, 여행을 가고, 자기 계발을 위해 학원에 다니고, 봉사를 하며 경험을 쌓지만, 누군가는 최소한의 생활을 위해 자신이 가진 시간과 에너지 전부를 소모해야 할 수도 있어.

이런 세상을 어떻게 살아야 할까? 이런 갈등은 해결될 수 있을까? 나는 이런 갈등을 해결할 유일한 방법이 사도행전의 교회가 제시한 방법이라고 확신해.

"믿는 무리가 한마음과 한뜻이 되어 모든 물건을 서로 통용하고
자기 재물을 조금이라도 자기 것이라 하는 이가 하나도 없더라."

[사도행전 4장 32]

분명 자기 재물이라는 말을 하고 있는 것을 보면 개인 소유가 인정되는 상황이었지만, 자기 것이라 하는 이가 없었다는 것을 생각해봐. 어느 누군가는 남보다 뛰어난 지혜를 타고나서, 많은 지식을 얻을 기회가 있어서, 또는 태생이 금수저여서 많은 소유를 가질 수 있어. 하지만 그 소유가 자신만의 것이 아님을 인정하고, 나눔의 공급자를 자처하는 것이 사도행전에서 제시하는 모습이야. 누군가는 신체적 부족함을 타고났거나 사회적 약자이거나 종잣돈조차 없는 상황일 수 있지만, 그런 것에 주눅 들지 않고 나눔의 수혜자로 떳떳이 동참하는 것이고.

당당함

이런 시도는 사실 문명사회에서는 많이 시도되는 일이야. 사회 복지제도의 취지가 여기에 있는 것이지. 그런데 이런 일을 제도로 만들었을 때 생기는 문제가 있어. 제도와 법은 공동체가 유지되기 위한 최소한의 룰이야. 마치 우리가 굶어 죽지 않기 위해 먹는 밥과 같은 거지. 이런 걸 연명한다고 해. 하지만 인간사는 죽지 않기 위해 먹는 정도로는 부족해. 그 제도를 넘어서는 것은 바로 사랑, 긍휼, 애통하는 마음이야. 법적으로 세금을 내고 국가기관이 이를 배분해줄 때, 우리는 세금을 냈으니 할 일을 다했다고 생각하지. '이웃이 굶주려 죽어가도 나

는 세금을 냈으니까'라고 생각하면 그만이야.

이게 좀 심한 비유라고 생각하지만, 조금만 솔직한 마음으로 자신을 돌아볼 필요가 있어. 혜택받는 입장에서도 정부가 주는 것을 공짜로 생각해. 그리고 지속적인 수혜의 대상이 되기 위해 더 자신의 역할을 하지 않는 거야. 그것만으로도 살아갈 수 있고, 더 많은 수혜를 받기 위해 과장된 결핍의 상태를 유지하는 거지.

하지만 사도행전의 나눔은 제도나 의무가 아닌, 사랑이 그 시작점에 있어. 내가 제공하는 것을 기부나 동정이라고 생각하지 않는 거야. 이건 내가 나누기 위해 나에게 맡겨진 거라고 생각해서 나를 주장하지 않고 나눔을 할 수 있는 상황을 감사하며 기꺼이 나누지.

이들 중에는 그렇지 못한 마음을 품은 사람들도 있었어. 아나니아와 삽비라의 죽음은 이 제도가 형식이나 결과가 중요하지 않음을 이야기하고 있어. 이 상황에서 수혜자는 당당할 수 있지. 그리고 언제까지 수혜자로 남아 있으려 하지 않아. 기꺼이 기쁜 마음으로 받고, 기꺼이 기쁜 마음으로 다시 흘려보내는 자리에 서기를 멈추지 않는 공동체가 사도행전이 제시한 공동체야.

나만의 소유가 아닌
빈부 갈등에 대해서 이야기를 해봤어. 빈부의 차는 엄연히 존재하는 것이 현실이고 이는 재림의 날까지 계속될 거야.

이런 세상에서 크리스천이 가져야 할 자세를 제안할게. 이 세상을 사는 크리스천은 제도가 정하는 범위에 머무르지 않아야 해. 의무로 납부하는 것이 아니라 사랑으로 나누는 거야.

그래서 자랑할 것도 생색을 낼 것도 없어. 내가 가진 것은 하나님이 지으신 인격들의 공동체를 위해 나에게 맡겨진 것이니까. 그래서 그것을 나눌 수 있음이 축복이지. 그리고 나눔을 받는 수혜자는 그 받음을 누림이 은혜이고.

스스로 은혜받은 자로서 은혜를 흘려보내는 자가 되는 것을 소망하며 오늘을 살아가자.

빈부 갈등이 있는 세상을 살아나가야 하는 크리스천에게 하는 제안
제도가 정하는 범위에 머무르지 않아야 해. 의무로 납부하는 것이 아니라 사랑으로 나누어야 해.
스스로 은혜받은 자로서 은혜를 흘려보내는 자가 되는 것을 소망하며 오늘을 살아가도록 노력해야 해.

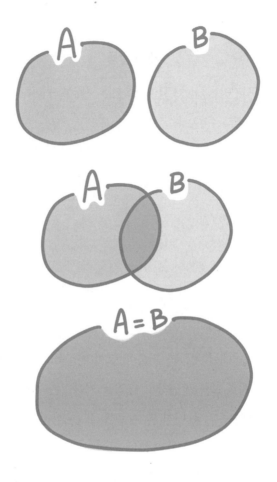

믿는 무리가 한마음과 한뜻이 되어 모든 물건을 서로 **통용하고**

자기 재물을 조금이라도 자기 것이라 하는 이가 하나도 없더라

사도행전 4장 32절

세대 갈등

라떼 감성과 꼰대, 90년대생

나이 듦 – 순리

15년 이상을, 매년 여름과 겨울에 교회 청춘들과 수련회 길을 떠났어. 이제 막 고등학교를 졸업하고 대입을 기다리는 친구들부터 서른을 훌쩍 넘어 직장의 중견 사원이 된 친구들, 또는 아직도 사회 진입을 꿈꾸며 이런저런 방식으로 전심을 다해 살아갈 궁리를 모색하고 있는 친구들과 함께 떠나는 짧은 여행이지.

말이 좋아 함께하는 것이지, 사실은 든든한 운전기사가 필요한 청춘들에게 나의 운전면허 자격을 재능 기부하고, 젊음의 몸부림 안에 살짝 발을 담가 보는 시간이야. 이 일을 처음 시작할 때는 나도 39세였어. 이들만큼 젊지는 않았지만, 여전히 푸른 시절을 보내는 나이였어. 그리고 17년을 한결같이 일 년에 두 번 청춘들과의 동행 여행을 하고 있어.

나는 이 시간이 좋아. 이들의 모습을 보는 것이 좋고, 이들 안에 끼어 있는 내가 좋아. 특히 겨울의 동행은 여름의 그것과 또 다른 감성이 있어. 여름의 화려함과 넘치는 에너지와는 사뭇 다른 한적함과 고즈넉함이 주는 매력이 있어. 역설적으로 청춘들의 에너지는 이 겨울에 더 빛이 난다는 것을 깨닫기도 해. 아내는 내가 동행 여행을 앞두면 생기가 돈다고 하더라고. 회사 일로, 교회 일로 지치고 힘들 만도 한데, 어딘지 모르는 생기가 느껴진다고 해. 그래, 나는 이 동행 여행이 좋아.

올해도 어김없이 떠나는 출발일, 버스 뒷좌석 청춘들의 대화가 들려오고 있어. 이제 서른을 바라보는 고참급 청년들의 이야기 소리가 들리네. 요즘 아이들, 20세 초반 후배들을 대하는 자세에 대해서 자기들끼리 나누는 이야기야.

"그렇게 말하면 꼰대가 되는 거야. 하하하. 우리가 꼰대가 되어가고 있어."

이 사회는 나이 듦을 꼰대라는 단어에 묶어버렸어. 나이 듦은 누구도 피할 수 없는 순리인데 말이야. 지구가 반대로 돌아 해가 서쪽에서 뜨는 일이 생겨도 나이 듦은 이대로 우리에게 다가올 거야. 그것에 맞춰 꼰대가 되어가는 것도 숙명이지. 꼰대가 되기가 두려워 입을 닫아걸어도 이미 존재 자체가 꼰대인 거야. 이 시대 꼰대는 어른이 되는 성장이 필요해. 지금 이 시대는 내가 경험한 50년보다 앞으로 살아갈 25년의 변화가 더 크기에 이미 경험한 과거의 삶이 다가올 미래의 삶에 답이 될 수 없다는 사실을 인지해야 해.

막힌 담

칸막이 너머에서 책 한 권이 건네졌어.

《그러니까... 아~무 말도 하지 마세요 - 청년세대가 기성세대에게》
라는 책이었어. 목차부터 휙 훑어봤지. '서로 이야기해요', '성, 사랑',
'결혼', '취업', '가정, 명절, 제사', '행복' 내가 세상에 해주고 싶은 이야기
와 같은 맥락의 주제가 쭉 나열되어 있는 것이 흥미로웠어.

'책을 쓰고 싶다'라는 마음의 동기가 된 사건은 청춘들과의 자유
대담 시간이었어. 세상이 변하고, 그 세상을 살아가는 존재의 생활도,
문화도, 가치관도 변하는데, 세상 어디서도 믿음으로 살아가는 삶의
이정표를 찾을 수 없는 현실이 안타까웠지. 꾸역꾸역 하루를 살아내기
는 하겠지만, 시간이 갈수록 세대 간의 갈등은 해결점을 향해 수렴하
기보다 혼란을 향해 발산해가는 현실이 안타까웠고. 비록 절대 경로는
아닐지라도, 최소한 추천 경로는 제시해주는 이정표가 있어야 한다는
생각이 들었어. 책에 소개된 이 시대를 살아가는 43인 청년의 이야기는
한결같이 '이전의 사고 틀로 우리를 대하지 말아주세요'를 외치고 있었
지.

한 청년이 쓴 글이 생각나네.

"가르쳐주시지 마시고, 오랜 세월 얻어진 '경험 자체'를 전해주셨으
면 좋겠습니다." 같은 상황이 같은 결과를 가지고 오지 않는다는 사실
을 우리는 너무나 잘 알고 있어. 내가 살아온 것은 내 반응의 결과일
뿐이지. 똑같은 상황이 와도 내가 순간 어떻게 반응하느냐에 따라 다

르게 전개되는 게 인생이야. 나와 수십 년의 시간 차를 두고 살아가는 이 시대 청춘들에게 자신이 살아온 삶을 따르길 강요하는 것은 좀 억지 아닐까? 그냥 상황을 듣고 자신의 경험을 진솔하게 이야기해주길, 그래서 각자의 삶에 지도를 만들어가는 단초가 되도록 도와주기를 바라는 거야.

'내가 살아온 방식이 앞으로의 세상에도 정답'이라고 생각하는 기성세대와 "우리들의 삶을 당신들의 방식으로 강요하지 마세요"를 외치는 세대 간의 벽, 이건 막힌 담이야.

충고를 강요하는 두 가지 유형

상대방에게 생각을 강요하는 행위에는 두 가지 유형이 있어.

첫 번째는 불순한 의도가 있는 경우야.

자신의 이해관계를 고려해 표면상 그럴듯한 포장을 하는 경우지. 자신의 부도덕을 합리화하기 위해 세상은 다 그런 것이라고 주장하는 거야. 요즘 정치판을 보면 딱 이런 것 같아. 옳고 그름의 유일한 판단 기준이 '우리 편인가, 상대편인가'인 거야.

두 번째는 진심으로 자신의 생각을 믿는 경우야.

자신이 본 것, 경험한 것, 알고 있는 것이 유일한 진실이라고 믿는 것이지. 그래서 그 길을 벗어나면 정말 큰일이 일어날 것이라는 두려움이 있어. 그래서 죽기 살기로 길을 막고 저지하지.

첫 번째 경우는 시간이 답이야. 어차피 그 이해관계라는 것은 한시적이기 때문에 상황이 바뀌면 그 논리도 바뀌게 되거든. 두 번째 경우는 답이 없어. 벼랑을 향해 돌진하는 마차인 거지. 충고를 하려는 사람이나, 그 앞에서 신뢰할 수 없는 강압적인 주장을 듣고 있어야 하는 사람, 모두 상처만 남는 거지.

막힌 담을 넘기 위한 제안

세대 간의 갈등은 빈부의 갈등이나 이념 갈등과는 좀 다른 부분이 있어. 빈부 갈등, 이념 갈등은 그 배후에 이해관계가 얽혀 있어. 그래서 이 이해관계의 균형을 조절하면 갈등의 해결을 유도할 수 있지. 하지만 세대 갈등은 좀 다른 경우야. 다분히 정서적인 갈등 요소가 있는 거야. 왜 친구 중에 그냥 미운 친구들이 있잖아. 뭐 특별히 나와 연결고리가 없는데도 그 친구가 참석한 자리에 있는 게 싫어지는 감정적 거부감.

해결 방법은 마주치지 않는 게 최선인데, 이 사회가 서로 다른 세대가 섞여서 살 수밖에 없는 구조이기 때문에 회피는 불가능해. 그럼 어떻게 이 사회 안에서 서로 말이 통하지 않는 집단이 함께 살아갈 수 있을까? 세대 간의 갈등을 해소하기 위한 사회적·제도적 접근은 쉽게 효과를 볼 수 없다고 생각해. 물론 사회의 기성세대들은 이제 어느 정도 지금 세대가 자신들이 살아온 시대와는 닮지 않은 시대를 살아가고 있다고 인식해가고 있어. 하지만 정서적으로 받아들이고 삶에서 동화되기까지는 또 다른 장벽이 있어. 이 장벽이 허물어질 때쯤 되면 너희들도 새로운 세대에게 배척받는 나이가 되어 있을지도 몰라. 그래서 나는 이 갈등을 해결하기 위한 각개전투(각자도생)를 제안해. 각자가 유연하게 소통장벽을 타고 넘는 거지.

#영역 1 – 가정 : 반세기를 살아온 관성을 뒤집어보려고 하면 서로 힘만 빠지게 돼. 가족이니까 좀 맞춰줘. 아니, 말을 듣는 척이라도 하자. 발끈하지 말고.

#영역 2 – 사회, 직장 : 한편으로는 너희들의 자유로움이 부럽기도 한 선배들이야. 자유롭게 하되, 예의를 저버리지 말자. 반론은 유쾌하고 정확하고, 일관성 있게 표현하자.

#영역 3 – 교회 : 아마 제일 높은 담을 만나게 될 거야. 고착화된 권위 의식이 가장 많이 남아 있는 공동체거든. '라떼'가 난무하는 문화이니까. 네가 생각하는 교회관에 대한 근거를 확고히 세워봐. 순전한 신앙의 본질 앞에 하나가 될 수 있기를 기대해.

그는 우리의 화평이신지라

둘로 하나를 만드사 원수된 것

곧 중간에 **막힌 담**을 자기 육체로 허시고

에베소서 2장 14절

이념 갈등

진보 vs 보수

화가 난 사회

한국 사회의 정치적 상황은 참 빠른 변화를 겪고 있어. 2016년 겨울, 우리나라는 21세기의 정상적인 체제를 갖춘 국가에서는 상상조차 하기 힘든 일이 일어났어. 시민혁명에 의해 기득 정권을 퇴진시키고, 새로운 정권을 만들어냈지. 스위스 IMD(스위스 국제경영개발대학원)의 발표에 따르면 대한민국은 세계 국가경쟁력 23위 국가야. 평가항목에는 '경제 성과', '정부 효율성', '기업 효율성', '인프라' 등 특정 분야가 아닌 전반적인 국가 경쟁력 수준을 진단하고 있는데, 그 수준이 세계 23위라는 거야. 혁명이라는 것은 안정적인 사회에서는 일어나기 힘든 사건인데, 세계 23위의 국가가 혁명으로 정권을 교체했다는 것은 전 세계를 놀라게 하기에 충분한 사건이었지.

이런 사건이 자랑스러운 것인지, 수치스러운 것인지는 그 사건을 바라보는 시각에 따라 달라질 수 있는 일이지만, 촛불을 기치로 한 시민혁명 이후, 우리 사회는 극도의 이념 갈등을 겪게 되었지. 아직 실제적인 기득권을 유지하고 있는 보수 진영과 새로운 정권을 창출한 진보 진영의 극한 대립 양상이 나타난 거야. 이 두 진영은 뭔가 비틀어진 심보로 반대 진영의 어떤 이야기도 듣고 싶어 하지 않고 있어. 한국 사회는 대화가 불가능한 잔뜩 '화가 난' 사회가 되었지.

이성도, 지성도, 합리도 그 어떤 것도 서로의 간격을 좁히기에는 역부족인 사회가 되어버렸어. 감정이 복받친 상태에서 다툼이 생기면 누구도 말릴 수 없는 상황이 되는 것과 같은 것이지. 도대체 무엇 때문에 이리도 화가 나 있을까 생각해봤어.

이 상황은 새아빠를 맞아들인 사이가 좋지 않은 삼 형제가 사는 집 같아. 그동안 집안의 장손으로 온갖 칭찬과 관심을 독차지하던 맏형, 누가 도와주지 않아도 혼자 잘 살아가는 둘째, 온갖 투정과 애교로 육체적 절대 약점을 커버하는 생존본능을 터득한 늦둥이. 이 세 아들은 저마다 잔뜩 화가 나 있지. 세 사람은 각각 이런 마음을 품고 있는 거야.

맏형 – "지금까지 모든 건 당연히 장손인 내 것이었는데, 갑자기 당신이 온 후 모든 게 엉망이 되었어요. 당신은 이제부터 모두가 같이 공평하게 살아보자고 하지만, 그게 무슨 말이에요. 말도 안 되는 이야기 아닌가요? 이 세상에 공정한 게 어디 있어요? 약육강식, 그게 진리예요. 어쩌다 우리 엄마를 만나서 우리 집에 왔는지 한번 잘 살펴봐야겠어요. 바람둥이 엄마의 그 많은 애인들을 어떻게 처리한 거죠? 난 도무지 당신을 믿을 수 없어요. 당신이 우리 아빠라는 것을 도무지 받아들일 수 없어요."

둘째 – "새아빠가 온 후 바람 잘 날이 없어요. 난 그냥 이전대로 살았으면 좋겠어요. 나는 아무도 필요 없어요. 그냥 이대로 놔두면 되는데, 왜 내가 열심히 일해서 벌어온 것을 저 욕심쟁이 형과 응석쟁이 동생과 나누어야 해요? 이게 당신이 준 것도 아니잖아요. 당신이 아빠가 아니었으면 좋겠어요. 그냥 엄마랑 알콩달콩 살게 해주세요. 난 당신을 보고 있으면 막 '화'가 치밀어요."

셋째 – "난 당신한테 화가 나요. 왜 약속을 안 지키는 거죠? 이전에는 형들에게 살살 애교로 많은 것을 얻을 수 있었는데 당신 때문에 이젠 형들이 나하고 상대도 안 해줘요. 그런데 당신이 준다는 선물은 도대체 언제 주는 건가요? 약속을 지키지 않는 당신은 우리 아빠의 자격이 없어요. 빨리 당신의 약속을 증명해봐요. 약속을 지키지 않는 당신에게 '화'가 나요."

기득권인 맏형도, 중산층인 둘째도, 소외계층인 막내도 모두가 단단히 화가 나 있는 상황이야. 이 형제는 서로 화해할 마음이 없어. 이렇게 한국 사회는 잔뜩 '화'가 난 사회가 되어버렸지.

갈등이 장벽으로

화가 난 상태는 지속되다가 어느 틈에 가라앉게 돼. 하지만 분노가 사라지는 것은 아니야. 해소되지 않은 감정은 시간이 흐르면서 장벽이 되고, 장벽 너머 존재에 대한 무관심으로 굳어가게 돼. 이제 우리 사회는 서로의 진영에 더 이상 충고를 고려하지 않게 되었어. 문제 해결을 위해 손을 내밀기보다는 '저들은 구제 불능이야. 대화할 가치조차 없어' 이렇게 단정을 지어버리고 저마다 자신의 주장만을 외칠 뿐이야.

진보는 보수를 보며 '수구꼴통, 적폐세력'이라는 꼬리표를 붙이고 더 이상 대화를 시도하지 않고, 보수는 진보에게 '빨갱이'라는 꼬리표를 붙였어. 조선 말기에는 개항과 쇄국의 갈등, 일제 점령기에는 극일과 친일의 갈등, 해방 후에는 남과 북의 갈등에서 유신 시대를 거치며 경남과 호남을 갈라 동서 갈등으로, 그리고 다시 좌파, 우파의 이념 갈등이 장벽을 만든 거야.

주장의 네 가지 입장

갈등은 서로 다른 주장이 충돌하면서 발생하게 되지. 견해를 주장하는 데는 네 가지 경우가 있어. 그래서 우리는 어떤 주장을 대할 때 중심을 잘 살피고 받아들여야 해.

선한 의도를 가지고 있고 스스로 그 주장을 신뢰함

선한 의도를 가지고 있다는 것은 자신의 이해관계를 배제하고 공동체와 공공의 유익을 전제로 주장을 하는 경우야. 그리고 자신이 하는 생각과 주장을 정말 신뢰하는 것이지. 이런 경우, 우리는 서로의 견해에 공통점과 합의점 찾기를 계속해야 해. 서로 다른 생각을 일치시키기는 쉽지 않지만, 그 과정을 통해 우리 사회는 미래를 향해 한 걸음 더 나아갈 수 있어.

선한 의도를 가지고 있지만, 그 주장을 신뢰하지 않음

선한 의도를 가지고 있지만, 스스로도 자신의 주장을 신뢰하지 못하는 경우지. 가고자 하는 방향에 대한 신념은 있지만, 현실이 그 신념을 이루기에 만만치 않다는 사실을 감지하고 있어. 이런 관계는 좀 더 합리적 대안을 찾아서 서로가 좀 더 확실할 수 있는 대안을 찾아 성장해갈 수 있어.

불순한 의도가 있지만, 그 주장을 신뢰함

불순한 의도란 자신의 내면 생각과 주장하는 것이 일치하지 않는 경우야. 개인적인 욕심, 이해관계를 위해 특정한 주장을 피력하지. 더구나 자신의 그런 주장이 이 사회에서 받아들여질 것이라는 신념을 가지고 있어. '세상을 살아남는 자가 진리다'라는 정글과 같은 약육강식의 원리가 진리고, 남들보다 유리한 위치를 자리 잡기 위해 자기 생각은 언제나 바뀔 수 있는 유형이야. 불행히도 이런 경우, 목소리가 큰 '빅마우스'가 되는 경우가 많아. 대중은 이런 빅마우스의 주장에 쉽게 동화되는 경향이 있어.

불손한 의도를 가지고 있지만 자신의 주장을 신뢰하지 않음

이런 경우는 쉽게 대세에 흔들리는 경우야. 자신의 유익을 위해 언제든 입장이 바뀔 수 있어. 완장을 차는 순간, 어제의 적은 오늘의 아군이 되기도 하고, 내일은 다시 적이 되기도 하지. 이런 경우, 다수결의 오류, 대중의 폭력을 유발하게 돼. 그런데 인류 역사는 또 이런 유형의 군중으로 인해 역사의 변곡을 맞기도 해. 정치인들은 인간의 속성 중 이런 생각을 아주 잘 이용하는 집단이야. 작은 떡고물을 던져주고 방향 없이 응집되는 이들의 힘을 이용하지.

이념의 반대적 입장에 대한 제안

어떤 갈등을 접할 때, 너는 그 갈등의 중심을 보고 선한 결과를 기대하며 그 주장을 해석해야 해. 서로 첨예한 주장의 대립이 있더라도 그 의도가 선하다면, 그런 갈등은 좀 더 좋은 세상을 향해 우리 공동체를 이끌어가게 될 거야. 하지만 아무리 좋아 보이는 주장과 현실적 결과가 있다 하더라도 그 의도가 불순하다면, 갈등의 벽은 점차 두터워질 거야. 불순한 의도라는 것 자체가 벽을 만들고자 의도를 가지고 있는 것이기 때문이지.

이념의 갈등 관계를 대할 때

그 주장에 집중하기보다 그 의도를 먼저 파악해볼 것을 제안해. 그 의도가 선하다면, 논쟁을 피하기보다 설득력 있는 논리를 가지고 끈질기게 이야기를 나누어야 해. 그래야 나도, 그도 성장하고, 사회도 성장할 수 있어. 하지만 그 의도가 불순하다면(더 좋은 결론을 향해 서로 성장할 것을 기대하지 않는다면), 그 사람과는 더 이상의 논쟁을 이어갈 필요가 없어. 그 냥 그대로 살도록 놔두는 게 최선이야.

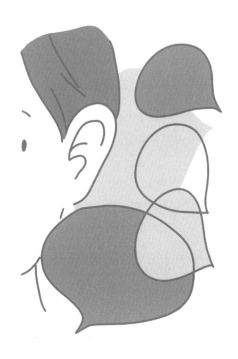

미련한 자는 자기 행위를 바른 줄로 여기나
지혜로운 자는 **권고를** 듣느니라

잠언 12장 15절

젠더 갈등

같음과 다름

성에서 젠더로

1995년 남성, 여성을 구분하는 젠더(Gender)라는 단어가 제시되었어. 성(性, Sex)의 성 구분이 여자와 남자의 생물학적 차이를 핵심적인 차별 요소로 생각하고, 사회적 역할 차이를 기정사실화 하는 접근이었다면, 젠더는 생물학적 차이로 사회적 역할을 구분하는 것이 정당하지 않다는 생각과 서로가 상호 보완의 관계보다는 서로 같지 않은 각각의 독립적 존재임을 강조하는 입장을 밑바탕에 깔고 있는 거야. 인류 역사에서 긴 시간 동안 남성의 조력자(좀 노골적으로 표현하면 종속적 존재)로 취급받아 왔던 여성들이 제기한 반론이라고 할 수 있지. 젠더라는 관점의 접근은 페미니즘이라는 좀 더 적극적으로 여성 권리와 주체성을 확장하고 강화해야 한다는 주장으로 우리에게 다가왔어.

이 시대를 살아가는 여성들 입장에서도 페미니즘을 바라보는 두 가지 시각이 있어. 하나는, 페미니즘에 대한 적극적 지지와 동참이고, 다른 하나는 '왜 저렇게 해야 하지? 서로 차이가 있는 것도 사실인데, 지나치게 남성에 대한 반감을 가지고 있는거 아냐?' 하는 페미니즘에 대한 피로감 호소야.

갈등의 시작점

남녀 갈등의 시작은 어디에서 올까? 기독교 관점에서 죄의 본성은 우리가 화합하지 못하게 하는 거야. 화합하지 못함, 즉 갈등의 시작점은 인간 타락에 의한 창조원리의 왜곡에서 시작된 거지. 아담은 "하나님이 주셔서 나와 함께 있게 하신 여자 그가 그 나무 열매를 내게 주므로 내가 먹었나이다"라고 변명해. 자신과 함께 에덴을 운영하던 동역자에게 책임을 전가함으로써 자신과 동역자를 분리하고 다른 존재로 만들어버린 거야. 그리고 이후 각자의 역할을 규정하고 거기에 맞추어 살아가지. 이건 세상 창조의 큰 그림이 아니야. 단지 제한된 시간을 살아가야 하는 인류의 현실적 대안이었어. 땅을 갈고 사냥을 하는 남성의 일과 생명을 잉태하고 그 생명을 돌보는 여성의 일은 지극히 현실적인 필요에 의해 나누어진 거야.

에덴을 떠난 인류가 왜 '남자는 하늘이고 여자는 땅'이라는 세계관을 가지게 되었는지 정확히는 모르겠지만, 동서양을 떠나서 이 세계관은 오랫동안 인류 사회를 지배해왔어. 교회 공동체에서 흔히 인용하는 창세기 2장 22절 "여호와 하나님이 아담에게서 취하신 그 갈빗대로 여자를 만드시고 그를 아담에게로 이끌어 오시니"의 성경 구절을 근거로 아담과 하와를 종속 관계로 주장하기도 하지. 하지만 그 이후로 이어지는 말씀을 보면 이건 너무 자의적 해석이라는 걸 알게 돼. 24절에서는 "이러므로 남자가 부모를 떠나 그의 아내와 합하여 둘이 한 몸을 이룰지로다"라고 남자와 여자는 종속 관계가 아니고 한 몸, 하나임을 이야기하고 있지.

같음과 다름

흔히 남자는 '신체적으로 여자보다 우월하다'를 근거로 남자와 여자의 역할을 구분하는게 정당하다고 이야기해. 하지만 그건 통계적으로는 설득력이 있을지는 모르지만, 개개인의 영역으로 접근해보면 남자보다 훨씬 힘이 세고, 잘 달리는 여자는 무수히 많아. 남녀의 신체적·정신적 차이는 개개인의 차이일 뿐, 일반화해서 다르다고 구분 지을 수는 없다는 거야. 남편보다 신체적 우위에 있는 아내와 남편이 이룬 가정이 있다면, 그 역할이 신체적 조건으로 인해 바뀌어야 하는 것은 아닌 거지. 생명을 잉태하고 키워내는 특별한 능력이 주어졌다는 것은 인류의 영속을 위해 보호받아 마땅한 일이지, 차별받을 일은 아닌 거지.

관성의 법칙

물리학에서는 관성의 법칙이라는 것이 있어. 어떤 운동이 일어나면 그 운동을 지속하려는 힘이 작용하는 것이지. 그리고 그 운동의 방향을 멈추려면 관성을 이기기 위한 힘이 필요한 거야. 비탈길에 멈추어 있는 차가 굴러서 사고가 나는 경우가 간혹 발생해. 제동장치가 충분히 작동하지 않은 상태에서도 차는 멈추어 있을 수 있어. 하지만 이 상태에서 차는 아주 작은 힘으로도 굴러가기 시작해. 그리고 일단, 굴러가기 시작한 차는 중력에 의해 빠른 속도로 굴러가는 거야. 이 차를 멈추게 하는 방법은 두 가지야. 차에 작용하는 중력과 움직이는 관성에 의한 힘보다 큰 힘을 반대로 작용하든지, 차가 굴러가다 오르막을 만나는 거지.

우리가 성(Sex)이라는 용어 대신 젠더라는 용어를 채택하는 것은 길의 내리막이 끝나고 평지를 만났다는 것을 의미해. 하지만 이미 관성이 생긴 차는 단지 평지를 만났다고 해서 멈추지 않고 계속 굴러가서 한참을 지나, 관성이 주변의 저항에 의해 소멸될 때 비로소 멈추게 되지. 페미니즘은 통제를 잃고 관성을 가지고 굴러가고 있는 남성 우월주의에 대한 저항이라고 생각하면 좋을 것 같아. 잘못된 흐름을 조금 더 빨리 멈추기 위한 우리의 노력이지. 이를 위해 조금 과장되고 과격한 시도들이 있는 현실을 받아들이는 거야. 하지만 너무 강하면 모두에게 상처가 남을 수 있어. 정도를 넘어 모두가 불행해지지 않도록 크리스천 공동체 안에서 더욱 좋은 대안들이 제시되고 실현되기를 기대해.

젠더를 바라보는 시각에 대한 제안

서서히 남성과 여성의 위치가 저마다의 자리를 잡아가는 세상에서 너에게 건네고 싶은 제안이 있어.

남자들은 이 변화를 좀 너그럽게 바라봐야 해. 여성의 인권이 많이 신장되었다고는 하지만, 아직까지도 사회 곳곳에는 남성 중심의 사회적·제도적 장치들이 많이 남아 있어. 아무리 동등한 위치를 유지하려고 해도, 수천 년간 이어온 관습의 관성이 남아 있는 거지. 그렇기 때문에 여성 운동에 대해 조금 지나치다 싶은 것도 반감을 가지기보다 수긍해보려는 노력이 필요해. 얼마 전 〈82년생 김지영〉이라는 영화를 보면서 회사 화장실에 몰카가 있다고 호들갑 떠는 장면이 너무 과장된 표현 아니냐고 아내에게 이야기했어. 하지만 아내는 그 상황이 결코 과장이 아니라고 격앙된 어투로 반박을 했어. 나는 그제야 아무 걱정 없이 공중화장실을 사용하는 것조차도 여자들에게는 쉽지 않은 장벽이라는 것을 새롭게 알게 되었어.

여자들은 이 변화의 시기에 젠더 평등에 대한 자신만의 관점을 찾아가는 탐구를 멈추지 말고, 아직 변화가 필요한 현실 상황에 현명한 대처가 필요해. 이유 없는 적대감과 자기성찰에 근거하지 않은, 그 누군가의 생각과 군중심리에 휩쓸려 진짜 중요한 본인의 삶을 망치지 않도록 지혜로운 삶의 대처가 필요해. 그 누구도 결국은 너의 삶을 살아주지는 않거든.

그리고 과거와 현재를 살아가는 기성세대는 어색하고 불편하지만, 흐름을 잘 타고 미래를 향해 가기를 멈추지 말아야겠지. 미래는 한 사람, 한 사람이 남자, 여자로서가 아니라, 아름답게 창조된 하나님의 작품으로 인정받는 세상이 되어야 해. 더 이상 집안의 장손, 몇 대 독자, 집안의 기둥이라는 말은 입에 담지 않았으면 해. 우리는 모두 부모님의 자녀이고, 자녀들의 부모인 거야.

또 한 가지, 미래의 주역이 될 너는, 부모님을 바라볼 때 엄마, 아빠에 대한 역할기대가 아니라 이 시대를 살아가는 한 명의 중년 인생으로 바라봐줘야 해. 엄마도 엄마의 삶이, 아빠도 아빠의 삶이 있다는 것을 쉽게 잊게 되거든. 하나님 앞에서 우리는 모두 한 명의 소중한 인격이라는 사실, 그 하나만 꼭 기억해줘.

율법의 행위로 그의 앞에 의롭다 하심을 얻을 육체가 없나니

율법으로는 죄를 깨달음이니라

로마서 3장 20절

종교 갈등

미신, 사이비, 이단, 타 종교

종교

인간사에서 생존을 위한 필수 요소인 의, 식, 주와 생육 번식을 제외하고 가장 밀접하게 인류와 함께한 문화가 종교야. 선사시대 유적지의 벽화 등을 보면, 글이라는 고유한 의사소통 매체를 갖기 이전부터 인류는 종교의식이라는 문화 형태를 가지고 있었지. 그 역사만큼이나 갈등의 골은 깊어. 종교심이라는 본성은 어쩌면 하나님을 떠나 제한된 자원과 제한된 시간을 살아갈 운명에 처한 아담의 후손들에게 주어진 하나님의 은혜일지도 몰라. 인류에게 종교심이라는 원초적인 본성이 남아 있지 않았다면, 우리는 하나님을 찾지도 않았을 것이고, 우리에게 심어진 하나님의 성품을 서서히 잃어버려 영원히 창조주 하나님에게서 떨어져나가 버렸을 거야. 그 대상이 어떤 것이든, 종교심은 인간이 창조주를 바라보고 살아갈 수 있도록 본성에 심어진 나침반이 아닐까?

Case 1. 고등 종교와 원시 종교 갈등

종교학자들은 종교를 크게 고등 종교와 원시 종교로 구분해. 고등 종교는 창시자가 있고, 문서화된 경전이 있으며, 전도를 위한 조직을 지닌 체계화된 종교를 지칭해. 문서화된 경전이 있다는 것은 이해 가능하고 보편타당한 교리가 있다는 의미이기도 해. 이와 구분해서 원시 종교는 원시 사회나 현존하는 미개 사회에서 신봉되는 종교로, 체계적인 신에 대한 관념이나 교조, 경전, 교단의 조직 따위가 없는 미지의 대상에 대한 맹목적이고 편협한 신앙 행위를 이야기해. 여기에는 샤머니즘, 토테미즘, 무속신앙 등이 있지. 원시 종교는 믿음의 대상과 형식이 인류 종족의 숫자보다도 더 다양하기 때문에 하나하나에 대한 신앙적 의미를 규명하는 것은 불가능해. 성경에서 바울은 "내가 두루 다니며 너희가 위하는 것들을 보다가 알지 못하는 신에게라고 새긴 단도 보았으니(사도행전 17장 23절)"라고 기록하고 있어. 당시 아덴, 지금의 아테네에 살던 사람들이 종교심이 많았다는 거야. 그 종교심은 자연의 위대함 앞에 한없이 보잘것없는 존재인 인간이 가진 창조자를 향한 마음이지. 그런데 그 대상이 무엇인지를 모르기에 바람, 태양, 불, 바위, 산, 나무 등 무엇이든 인간보다 크고 강해 보이는 것들에게 신의 지위를 부여하고, 그것을 숭배하는 현상인 거야.

인류는 최근 수천 년간 엄청난 지식의 업적을 거두었고, 특히 근대에 이른 수백 년 사이에는 미지의 세계였던 자연 현상의 원리를 상당 부분 이해할 수 있게 되었어. 그래서 원시 종교의 허무맹랑한 믿음에서는 조금씩 벗어날 수 있었지. 그래서 맹목적인 원시 종교의 믿음은 보편적 교리가 정의된 고등 종교로 전이되어 가고 있어.

고등 종교라고 하면 기독교(개신교, 가톨릭), 불교, 유교, 이슬람교, 힌두교 등을 대표적으로 꼽을 수 있어. 이들 종교는 그들만의 큰 세력과 문화를 가지고 있고, 그 세력 간의 힘 다툼에 기인한 전쟁으로 인류에게 많은 희생을 주기도 했어. 인류가 직면한 유한한 세상의 딜레마를 극복하기 위한 신앙의 행위가 인류에게 전쟁이라는 치명적인 위협을 만들었다는 사실은 하나의 아이러니지. 여기에는 종교 이면에 민족, 국가 등 정치적 이해관계가 결탁해 확산된 측면이 있어.

Case 2. 유사 종교 - 사이비, 이단 갈등

또 하나의 중요한 구분이 있어 바로 유사 종교야. 이 경우는 무속 신앙 등의 원시 종교와는 또 다른 측면에서 우리에게 혼란을 주고 있어. 사이비 종교와 이단 종교는 매우 유사한 면이 있지만, 근본적인 차이가 있어. 우리는 종교 갈등에서 이 부분을 잘 구분할 수 있어야 해. 그 구분의 핵심을 이야기해볼게.

사이비 종교는 종교를 위장한 사기 집단이야. 종교적 형식과 교리와 행위를 내세우고 있지만, 사실은 교주를 중심으로 한 몇몇 핵심 멤버들의 사리사욕을 위한 사기 집단이지. 그들은 자신들의 주장과 교리가 사실이 아닌 것을 너무나 잘 알고 있어. 단지 그 사실을 알리지 않고 거짓으로 포장해서 유익을 구하는 게 목적이야.

이단은 이와는 조금 다른 측면이 있어. 다른 고등 종교에 비해 유독 기독교에 이단 종교가 많은 이유가 뭘까 생각해본 적 있어? 그 이유는 복음의 선명성에 있어. 다른 종교는 가르침 자체가 선명하지 않아. 무엇이 진리인지 알 수 없기에 진리를 찾아 끝없이 탐구해(정진해)가라는 게 유일한 제시야. 그러니 이단이 있을 수 없어. 어차피 그 끝에 대한 제시는 각자의 몫이니까.

하지만 기독교는 그 결말이 명확해. 예수가 있으면 생명, 예수가 없으면 사망. 그런데 그 예수가 바로 교주 본인이라고 주장을 하는 게 이단이야. 확실한 끝이 있는데 다른 끝을 주장하는 것이지. 그래서 기독교 안에는 이단 논쟁이 끊이지 않고 있어.

Case 3. 교회 안에서의 갈등

그리고 가장 안타까운 개신교 안에서의 갈등이 있어. 앞의 갈등은 어찌 보면 유일한 하나님의 진리 안에서 바라보는 기독교가 겪을 수밖에 없는 숙명적인 갈등이야. 그래서 그 싸움을 포기할 수 없지. 하지만 이 시대를 살아가는 하나님의 공동체에게 가장 아픈 갈등은 교회 안의 갈등이야.

사람의 인격이 다양한 것만큼 기독교의 교리를 바라보는 관점도 다양해. 어떤 사람은 아픈 이웃을 위해 기도하고, 하나님의 은혜를 구하는 것이 우선이라고 생각하지만, 어떤 사람은 우선 아픈 이웃을 위해 뭔가를 하는 게 먼저라고 생각하는 사람이 있어. 저마다 자신의 관점과 하나님에 대한 신뢰의 방향이 다른 거지. 이런 차이로 교회 안에서는 조금씩 다른 교파도 생기고, 교단도 생기는 것으로 생각해. 하지만 어떤 해석도 하나님의 뜻을 완벽히 이해하지는 못해. 그날은 예수가 이 땅에 다시 오는 날 명백히 드러날 거야. 그날이 오기까지 우리는 저마다 해석한 방식에 충실하게 하나님의 나라를 확장해나가야 해.

그렇지만 여기서 정말 주의해야 할 것은, 그 순수한 믿음에 사리와 탐심과 아집이 관여되지 않도록 항상 깨어 있어야 한다는 거야. 문화적 전통에 의한 관례도, 규례도 사실 하나님 앞에서는 아무것도 아니야. 단지 한 시대를 살아가는 데 최선의 합의를 만들었던 것에 불과하지. 시대가 변하고, 상황이 변할 때 규례와 전통이 유연하게 변하지 않는다면, 또 하나의 종교가 될 뿐이야. 앞서 이야기했듯이 기독교는 종교가 아니라 창조자를 끝없이 알아가는 일이고, 그 뜻대로 이 땅에 하나님 나라를 세워가는 일을 이어가는 것이기 때문이야.

교회 목사가 보수와 진보로 나뉘어 서로를 힐난하는 모습은 결코 하나님 나라를 향해 가는 모습이 아니야. 정치적 보수 성향의 교단이나 목회자가 정치적 패러다임으로 성경을 보고 교회 정치를 이끌어가고, 진보 성향의 목회자가 사회운동의 범주에서 하나님 나라를 논하는 현실은 극복해야 할 종교 갈등의 커다란 숙제야.

그리고 사리사욕으로 기독교 교리를 왜곡하려는 시도는 사실 이단이라기보다 사이비에 가까워. 교회 안에 있지만 사이비 종교, 즉 사기꾼 집단이 적지 않게 있는 것도 마음 아픈 일이야.

타 종교를 대함

세상은 고등 종교의 범주에 기독교를 넣지만, 사실 우리가 믿는 예수의 신조는 종교의 범주에 넣을 수 없다는 사실을 너는 알고 있어.

그렇다면, 다른 종교를 바라보는 관점을 바꾸어봐. 한때 이 땅에 단군 신상이 세워지는 것을 거부하고, 이미 세워진 신상들을 훼손하고 다니는 기독교인들이 있었어. 기물 훼손으로 처벌을 받으면서 그들은 신앙의 도를 지켰다고 주장했지. 그리고 간혹 지경 밟기라는 행사를 하면서 사찰이나 타 종교의 사유지에 가서 단체로 찬양 집회 또는 예배를 진행하는 경우도 있어. 중동 난민들을 수용하면 이슬람 세력이 포교 활동하기 위해 난민을 위장해 들어와 한반도를 이슬람 국가로 만들 수 있으니 절대로 중동 난민을 받아들이면 안 된다고 주장하는 단체도 있어.

이런 상황을 보면 안타까운 마음이 들어. 과연 하나님은 그들이 섬기는 신보다 능력이 없는 걸까? 그래서 그대로 놔두면 하나님의 나라가 무너져가는 걸까?

우리가 알고 경험한 예수의 신조에 대한 확신이 있다면, 타 종교의 무의미한 종교적 행위에 민감할 필요는 없어. 태양이 비치면 등잔불은 그 빛을 잃게 돼. 등잔불보다 밝은 태양을 드러내기 위해 등잔불을 끄는 호들갑을 떨 필요가 없는 거야.

사이비나 이단에 대해서 우리는 좀 더 단호한 태도를 보여야 해.

사이비는 세상에 사기를 치는 위해를 끼치는 집단이고, 이단은 예수의 도를 혼란스럽게 만드는 거짓 선교사이기 때문이지.

하지만 타 종교를 대하는 것은 좀 다른 접근이 필요해. 예수의 도는 이미 세상에 선포되었고, 타 종교는 대립이나 경쟁의 상대가 아니야. 우리가 단군 신상에, 불교 사찰에, 이슬람 사원에 물리적인 힘을 행사하려는 것은 오히려 그들이 믿는 존재를 하나님의 경쟁자 자리에 놓는 행위라고 생각해.

타 종교의 종교적 의미는 존중해주고, 하나의 문화 수준으로 예의를 갖추고 대해주는 것은 어떨까? 어차피 허상에 불과한 숭배의 대상인데 그것을 증명할 필요는 없지 않을까? 그보다는 진리를 갈구하는 세상에 참 진리를 선포하고, 그 진리대로 살아내는 것이 우리가 해야할 일이야.

우리가 이제부터 어린아이가 되지 아니하여

사람의 속임수와 간사한 유혹에 빠져

온갖 교훈의 **풍조에 밀려** 요동하지 않게 하려 함이라

에베소서 4장 14절

소외 계층

외국인, 다문화 이웃

예수의 사랑 – 평등

중학교 시절, 윤리 과목 교과서에 4대 성인에 관한 내용이 있었어. 그중에 기독교의 창시자 예수 사상의 핵심은 '사랑'이라고 배웠지. '사랑'이 예수 가르침의 핵심이라는 사실은 종교의 테두리를 넘어 모든 사람이 인정할 거야.

그럼, 예수의 사랑이 보여주는 세계관의 핵심은 뭘까? 나는 그 핵심은 모든 사람(인격)의 평등이라고 생각해. 예수가 이 땅에 오기 전, 인류는 평등이라는 개념이 없었어.

인간 차별의 근원에는 모두가 동일한 힘을 가지고 있지 않다는 것과 모두가 같은 태생적 동질성을 가지고 있지 않다는 생각이 바탕에 깔려 있어. 힘의 차이는 지배와 피지배의 관계를 만들었고, 강한 자는 약한 자를 지배하고, 압제하는 것이 당연한 현실이 된 거지. 태생적 차이는 도무지 넘지 못할 벽을 만들었어. 여자는 남자가 될 수 없고, 흑인은 백인이 될 수 없는 벽이 생겨버렸어.

예수가 이 땅에 오기 전, 힘에 의한 차별은 인류가 명백한 진리로 받아들인 세계관이었어. 지구가 둥글다는 것을 인정할 수 없었던 천동설의 프레임처럼, 우등한 태생과 열등한 태생의 경계는 불변의 진리라고 생각한 거지.

그런데 예수의 가르침은 이 모든 것이 잘못되었음을 이야기했지. 남성과 여성, 어른과 아이, 주인과 노예, 군주와 백성은 결코 동일한 힘을 가지고 있지 않았기에 이 관계에서 평등이란 존재하지 않았지만, 예수는 이 모든 경계가 하나님 앞에서 더 이상 벽이 아님을 말씀하신 거야.

또 하나의 원인으로, 태생적 차별이 있어. 하나님의 백성을 자처한 유대인들은 하나님이 선택한 민족이라는 선민의식을 가지고 있었어. 하나님이 직접 통치하고 다스리는 자신들과 하나님으로부터 버림받은 이방 민족은 결코 같을 수 없다는 난공불락의 성벽 같은 경계선이 있었던 거야. 그들이 신명기에 나타난 율법 규례를 목숨과 같이 중요하게 여기고 실천하며 사는 이유는 이 경계선을 더욱 굳건히 하려는 방편이었지. 철저한 율법적 삶을 통해 이방인은 결코 넘볼 수 없는 성벽을 쌓았던 거야.

그런데 예수는 힘에 의한 경계선을 무너뜨려서 나이에 따른 경계도, 성별에 의한 경계도, 신분에 의한 경계도 아무것도 아니고 오직 하나님이 동일하게 사랑하는 인격체이기에 서로가 동일하게 사랑해야 한다고 가르치신 거야. 그리고 한발 더 나아가서 유대인이나, 헬라인이나, 할례자나, 무할례자나 하나님 앞에서 동일하게 은혜를 입은 인격체라는 사실을 선언하셨지. 이렇게 생각해보면 예수 사상의 핵심인 사랑은 결국 모든 인류(인격)의 평등으로 귀결될 수 있지.

민족주의에 대한 반성

빈부에 의한 차별, 성별에 의한 차별은 앞에서 이야기했으니 이번 소외계층이라는 주제에서는 인종적 차별, 소외에 대해 좀 이야기해보려고 해.

한국인들에게 민족주의라는 단어는 상당히 긍정적 의미로 받아들여지고 있어. 민족운동, 민족자결주의, 민족부흥 등의 용어를 들으면 저 깊은 곳에 애국심이 끓어오르는 느낌이 있지. 그 이면에는 우리 민족이 세계사에서 상대적으로 소외당해왔고 외세의 침략과 약탈에 의한 피해자의 입장을 많이 겪었기 때문이야. 그래서 민족주의는 곧 독립운동과 연계되고 우리의 자긍심을 드러내는 방편이 된 것이지.

하지만 세계의 근현대사에서 민족주의라는 말은 일종의 침략 세력들의 이권 수호와 연관이 있어. 나치즘은 독일 게르만족의 민족주의이고, 일본의 군국주의는 아시아 침략을 합리화하기 위한 일종의 민족주의인 거야.

산업혁명 이후 유럽 열강들은 이런 민족 우월주의를 내세워 세계 각국을 식민지화하고, 식민국가의 자원을 수탈하는 불의를 합리화했어. 여기서 인종 차별이 발생했지. 흑인은 열등하고 백인은 우월하다. 성경에 나타난 노아의 세 아들 일화를 통해 백인이 흑인을 지배하는 것이 정당한 것인 것처럼, 식민 지역 사람들의 인격을 짓밟는 일을 했던 거야.

외국인에 대한 이중잣대

이제는 길거리에서 외국인을 보는 것도 익숙한 일이야. 하지만 우리의 정서는 아직도 외국인들에 대한 편견이 남아 있어. 길을 가다 낯선 외국인이 불쑥 말을 걸었을 때 상대방의 모습에 따라 우리의 마음이 많이 다른 것을 느껴. 깔끔한 복장의 백인, 힙합 복장의 흑인, 왜소한 모습의 동남아인, 상대가 어떤 모습의 사람인가에 따라 겁을 먹기도 하고, 들뜨는 마음이 되기도 하지. 우리에게는 아직도 한 인격으로 사람을 보는 게 아니라 그 사람의 배경이나, 피부색, 소득 정도에 따라 다른 눈으로 외국인을 대하는 이중잣대를 가지고 있지.

단일민족 프레임 탈출하기

지금은 학교 현장에서 어떤 입장으로 학습지도를 하는지 잘 모르겠지만, 나의 학창 시절 '단군의 자손', '단일민족국가'는 굉장히 중요한 키워드였어. 단군의 혈통을 이어받은 단일혈통 민족국가. 그래서 지구상의 수많은 국가 중에 단일민족으로 국가를 이루고 있는 국가임에 자부심을 느끼는 것이었지.

그런데 국가는 곧 민족이라는 생각이 이 시대에 적합한 가치관일까? 이미 지구는 하나의 공동체야. 환경 문제도, 전염병의 문제도 한 국가의 노력으로 해결할 수 없는 세상이지. 그리고 활발한 국가 간 교류가 민족 간의 자연스러운 혼인과 출산으로 이어지는 세상에서 혈연의 정통성을 미덕으로 생각하는 가치는 정당하지 않다고 생각해.

유대인들은 여호와 하나님이 유대인에게만 직접 신정 통치하신다는 오해를 하고 있었지. 하지만 이 땅에 오신 예수와 예수의 도를 체계화한 바울은 유대인의 선민의식이 잘못되었음을 분명히 이야기했고, 하나님의 통치가 전 세계 인류에게 같이 유효함을 전했어. 그 결과, 우리도 하나님 백성이 될 수 있었고 말이야.

불행하게도, 오랫동안 고착된 단일민족 국가에 대한 우리의 자부심이 우리 곁에 한 국민으로 살고 있는 타 민족 이웃을 대하는 자세에 부정적 영향을 주고 있어. 당연하게만 생각되던 남존여비 사상으로 한 인격을 무시하던 잘못된 문화에서 젠더 차이를 우열의 관계가 아니라 동등한 인격의 관계로 바라보는 긍정적인 문화가 확산되어가고 있어. 이처럼 다른 민족, 타 국가에서 와서 우리의 이웃이 된 사람들과 그 가정에서 생명을 얻어 또 다른 혈통을 이룬 이웃에 대해서도 우리와 동등한 인격으로 바라보고 대해주는 자세를 가져야 해.

유대인이나, 헬라인이나, 할례자나 무할례자가 다 예수 안에 하나인 것처럼 동서양 모든 국가, 모든 혈통의 사람은 동일하게 하나님 앞에 고귀한 인격체야. 대한민국이라는 국가 테두리 안에서 국적을 취득한 모든 사람이 우리 국가로 맺어진 이웃이라는 사실을 잊지 말아야 해.

외모가 혈통이 다른 이웃을 대하는 자세

외국인을 바라보는 눈의 변화

출신 국가와 외향적 차이로 다른 태도로 대하지 말자.

다문화 이웃을 바라봄

더 이상 단일민족국가의 자부심에 머무르지 말고, 지구촌 한 가족, 다문화 한 국가로 발전되어가는 것도 복음의 확장으로 받아들이자.

약한 자를 그가 약하다고 탈취하지 말며
곤고한 자를 성문에서 **압제**하지 말라

잠언 22장 22절

부가가치를 추종하는 인간

생활필수품

아이들을 키우면서 어린이날이나 생일이 되면 행복한 고민에 빠졌던 기억이 있어. '뭘 선물해주면 좋아할까?', '어떤 것을 사주면 유익할까?'를 생각했지. 아이들이 기뻐하는 모습을 미리 상상해보는 행복한 시간이었어. 아이들의 선물을 고민할 때면 어린 시절의 추억을 떠올리곤 했지. 나는 어떤 선물을 받았었지? 어떤 걸 받았을 때 기뻐했던가?

학용품, 신발, 계절에 따른 새 옷 등을 받고 한껏 들떴던 생각이나. 그런데 이 시대를 살아가는 아이들에게는 이런 선물은 더 이상 마음 설레는 선물이 아니라는 생각이 들었어. 학용품, 신발, 옷 등의 생활용품은 이미 부족함이 없는 세상이야. 최근에는 기본적인 학용품은 수업 시간에 지급이 되어서 학교 앞 문구점들이 사라지고 있는 상황이야.

형이 쓰던 부러지고, 예쁜 색깔은 남아 있지도 않은 크레파스를 물려받고, 형이 입던 옷을 입던 어린 시절에, 아무도 쓰지 않은 새 학용품의 뚜껑을 여는 것은 큰 기쁨이었고, 오직 나를 위해 준비된 새 옷과 새 신발은 마음을 들뜨게 하기에 충분한 물건이었지만, 이런 생활필수품들은 이제는 더 이상 기쁨을 줄 수 없는 거지.

과잉 부가가치의 시대

인류는 소유 욕구를 충족하기 위해 끊임없이 새로운 것들을 만들며 살아가고 있어. 처음에는 필요를 위해 생산을 하지. 생존을 위해 농작물을 재배하고, 가축을 키우고, 옷을 만들었어. 하지만 어느 순간부터는 필요를 위해 생산을 하는 것을 넘어 좀 더 만족스러운 삶을 위해 새로운 것들을 만들었어. 그리고 또, 새로운 것을 만들기 위해 소비를 창출하지. 이렇게 가치가 있는 무엇인가를 만들어내는 것을 부가가치의 생산이라고 말해.

김춘수 시인이 "내가 그의 이름을 불러주었을 때 그는 나에게로 와서 꽃이 되었다"라고 말했지만, 세상 만물은 인간이 용도를 부여할 때 부가가치를 만들어내는 거지.

소비 문화를 3단계로 볼 수 있어.
1단계는 생활필수품 소비 단계야. 생존을 위해, 기본적인 삶을 위해 꼭 필요한 것을 생산하고 소비하는 단계지.

2단계는 문화적 혁신 단계야. 이전에 없던 새로운 것들이 인류의 삶을 바꾸는 것이지. 증기기관의 발명, 전기의 발명, 스마트폰의 탄생 등이 이런 문화혁명의 기폭제라고 볼 수 있어.

3단계는 과잉 부가가치 단계야. 소비에 따른 혁신은 희미해지고, 무의식적인 더, 더, 더(MORE, MORE, MORE) 소비 단계야. 어쩌면 소비의 중독 단계라고 할 있어. 배가 불러도 맛있으니까 먹는 수준의 소비야. 이 단계에 접어든 문화는 결국 파멸의 단계로 이어지게 돼. 영양 과다로 서서히 몸이 병들어가듯이 과잉 부가가치로 환경과 문화는 병들어가는 거지.

나는 이 단계를 과잉 부가가치 시대라고 표현하고 싶어.

이미 차고 넘쳐서 부족하지 않은데, 교묘하게 계속 부족함을 느끼게 하지. 그래야 새로운 소비심리를 부추기고, 새로운 제품을 만들어 판매함으로 부가가치를 만들어낼 수 있기 때문이지. 부가가치의 창출은 곧 부의 창출을 의미하는 거야.

스마트폰의 역사는 좋은 사례야. 스티브 잡스가 아이폰을 세상에 소개했을 때, 인류는 새로운 문물의 출현에 열광했어. 21세기, 밀레니엄 시대의 첫 10년을 지날 때쯤이지. 6,000년을 이어온 오프라인 소통이 온라인과 SNS를 통한 소통으로 전환되는 문화혁신의 결정적 기폭제가 우리에게 던져진 거야.

1단계에서 전화기는 원격소통을 위한 중요한 도구였어. 문화적 삶을 영위하기 위한 필수품이었지. 아이폰이 세상에 선보이기 직전까지, 우리가 사용하던 휴대전화는 의사 소통수단으로의 고유 역할을 수행하기에 전혀 손색이 없었어. 그리고 이미 모든 사람의 손에 휴대전화가 들려져 있었기 때문에 더 이상 세상을 뒤엎을 만큼의 소비를 창출할 수 없었지. 아이폰으로 대표되는 스마트폰은 소비문화의 2단계를 선물했어. 일대일 소통수단인 휴대전화가 전 세계 네트워크에 상시접속 상태를 유지할 수 있게 해준 거야. 이제 개인은 하나의 네트워크 노드가 되었기 때문에 때마침 확산하기 시작한 SNS 소통이 실시간으로 이루어지는 소비혁신의 길을 열어준 거지.

하지만 스티브 잡스 이후 아이폰에 혁신이 없다는 이야기를 해. 하지만 스티브 잡스가 있었어도 혁신은 없었을 거야. 우리가 지금 상상할 수 있는 혁신은 이제 더 이상 소통 수단에 있지 않아. 아이폰이 세상에 나온 지 10년을 넘어서고 열 번의 버전 업을 하면서 소비 상황은 과잉 부가가치를 강요하는 3단계로 넘어섰어. 나는 갤럭시 노트9을 쓰고 있지만, 굳이 갤럭시 노트20를 써야 할 명분이 없어. 조금 더 빠르고, 화면이 크고, 사진이 잘 찍히는 것이 실제 삶의 혁신에는 그다지 도움이 되지 않기 때문이지. 혁신이 없음에도 매년 새로운 스마트폰을 만들어내는 것은 하나의 과잉 부가가치 생산일 뿐이야.

환경 문제 - 과잉 부가가치 사조에 맞서기

에덴을 떠난 이후 지구라는 한정된 공간을 살아가는 우리는 진지

한 고민이 필요해. 지금 우리가 누리고 있는 소비와 생산해내는 부가 가치가 하나님 나라에 유용한 것인가, 아니면 하나님 나라에 불필요한 폐기물로 남을 것인가에 대한 고민이야. 끝없이 넓다고 생각했던 바다에 폐기물이 쌓여 섬이 만들어지고, 바다 동물의 배 속에서 인간이 만들어낸 폐기물들이 나오고, 철마다 숨쉬기가 힘든 미세먼지들이 세상을 뒤덮는 상황들을 보며 우리는 많은 반성을 했고, 조금씩 환경오염을 지연시켜서 지구의 미래를 연장하고자 하는 노력을 기울여왔어. 하지만 우리가 생산하는 과잉 부가가치에 대해서는 깊게 생각하지 못하고 있어.

하나님 창조질서의 경영을 위임받은 예수 청년들이 브레이크가 파열되어서 통제력을 잃은 과잉 부가가치 시대사조에 제동을 거는 역할을 하기를 바라. 너희들이 어떤 분야에서 일을 하든지, 과잉 부가가치 사조에 제동을 걸고 맞서는 입장에서 일할 것을 제안해.

예를 들면, 제품을 기획하는 일을 하게 된다면, 호기심을 자극하고, 유행에 편승해서 궁극적으로 폐기물이 되어버릴 제품을 개발하는 것을 멈추고, 이 시대 차고 넘치는 물품들이 새 용도로 재생산되는 제품을 기획하고 세상에 내놓는 것이지. 나처럼 엔지니어로 일하게 하게 된다면, 물질 지향적·기술 지향적 제품보다는 인간 지향적·자연 친화적 제품 개발에 아이디어를 내고, 제품 개발을 유도해가는 거야.

자신의 분야에서 일하는 순간순간 '그 분야에서 어떻게 하나님 나라를 확장하는 데 기여할 수 있을까?'를 생각하고 실천하는 일은, 아침마다 말씀을 묵상하고 온종일 되뇌며 사는 삶만큼이나 하나님 나라 백성에게 필수적인 덕목이야.

하나님이 그들에게 이르시되
생육하고 번성하여 땅에 충만하라,
땅을 정복하라, 바다의 물고기와 하늘의 새와
땅에 움직이는 모든 생물을 **다스리라** 하시니라

창세기 1장 28절

에필로그

작년 꽃이 피는 계절에 시작한 작업을 한 해를 넘기고 다시 여름의 끝자락에 마무리할 수 있었다.

어린 시절, 친구의 손에 이끌려 처음 교회의 문턱을 넘었다. 그리고 학창 시절을 마치기까지 교회 다니기를 멈추지 않은 이유는 뭘까 생각해본다. 한 반에 70명이 넘는 학생들 사이에서 전혀 튀지 않았던 아주 평범한 아이, 그래서 선생님들에게 이름 한번 호명된 기억이 없던 나에게 교회 선생님과 친구들의 따뜻한 관심과 사랑은 교회 다니기를 멈추지 않을 충분한 동기가 되었다.

나의 대학 시절은 이 땅에 민주화의 물결이 태동하는 시절이었다. 캠퍼스에 자욱한 최루가스와 발끝에 차이는 보도블록 파편들 사이에서 기독교 동아리 친구들과 손에 손을 잡고 찬양하고, 눈물로 기도했다. 그렇게 하는 것이 화염병을 손에 드는 것보다 이 땅에 푸르고 푸른 그리스도의 계절이 오게 하는 데 더 절실한 일이라고 생각했다. 대학 시절, 2000년 전 유대 땅에서 하나님 나라를 선포하던 예수보다 현실적으로 내 삶의 가까운 예수를 만났고, 하나님의 뜻이 이 땅에 오기를 간절히 사모했다.

졸업과 함께 어떤 친구는 선교의 꿈을 찾아, 어떤 친구는 사역자의 삶을 꿈꾸며 새로운 세계로 발걸음을 옮길 때, 나는 지극히 현실적인 이유로 잠시의 고민도 없이 기계공학 전공을 따라 회사에 취직하고 길고 긴 샐러리맨의 삶을 시작했다.

결혼하고, 자녀를 키우고, 부모님을 부양하며 인생의 푸른 시절을 살다 보니, 어느새 은퇴를 바라보는 나이가 되었다. 매달 꼬박꼬박 받는 급여에 단 한 번밖에 주어지지 않은 내 인생을 팔아버린 건 아닐까 하는 생각이 들기도 한다.

세상의 빛이 아닌, 세상의 짐이 되어가고 있는 이 땅의 교회에서 나는 장로 직분을 맡고 있다. 이 땅에 선명한 푸르름이, 찬란한 그리스도의 계절이 오기를 그토록 눈물 흘리며 기도했던 우리의 젊은 날은 어떤 의미가 있었을까? 그 시절 선교를 떠나고, 사역자의 길을 나서고 세상으로 뛰어든 우리는 뭘 하고 있었을까? 왜 근거 없는 전통과 관습에 묻혀 개혁하지 못하고 종교개혁 이전의 모습으로 퇴보하는 교회 정치에 침묵하고 있는 걸까?

크리스천에게 꼭, 필요한 세 가지 자세가 있다. 바로 회개, 누림, 고민이다.

크리스천은 우리가 도무지 가망 없는 존재임을 너무나 잘 알고 있다. 그래서 그 한계에 대한 인식으로 우리는 회개한다. 그저 읊조릴 뿐이다. '주여, 불쌍히 여겨 주시옵소서.'

크리스천은 세상의 창조자 하나님이 아버지다. 그래서 세상 어떤 것도 두려울 것도 부러울 것도 없다. 은혜, 은혜로다. 이 모든 것이 은혜다. 감사하며 누릴 뿐이다.

크리스천은 끊임없이 고민한다. 가야 할 목적지를 알고 있다. 그런데 그 길은 그다지 분명하지 않다. 내가 서 있는 골목길에서 내비게이션이 길을 알려주지 않는다. 목적지는 보이는데, 탈출구는 쉽게 찾아지지 않는다. 그래서 끊임없이 질문하고 고민한다.

회개와 누림은 너무 익숙하다. 설교도, 찬양도, 묵상도 온통 회개와 누림을 이야기한다. 그런데 고민은? 이 시대는 고민에 참 인색하다.

예수의 참마음은 무엇일까? 이 미로 같은 삶 속에서 어떻게 목적지를 향해 나아갈 수 있을까?

이 글은 크리스천의 고민에 관한 이야기다.

이 시대를 살아가는 아주 평범한 예수의 사람이자 뛰어나지도 않고, 별나지도 않은 사람, 그래서 길을 가다 어디에서나 만날 법한 중년의 아저씨, 이 글을 읽을 독자들의 아버지가 들려주는 고민의 흔적이다. 인생의 한 틈을 살면서, 목적지를 향해 나아가기 위해 던졌던 질문에 대한 나의 고민과 답을 제시해본다.

깊이 공감하는 독자도 있을 것이고, 그럭저럭 인정되는 독자도 있을 것이고, 동의가 되지 않아 화가 나는 독자도 있을 것이다.

나는 이 책을 통해서 고민이 해결되길 기대하지 않는다. 오히려 이 땅의 교회 안에 고민이 시작되길 기대한다. 예수의 사람들이 미로를 벗어나기 위한 고민을 시작하길 원한다. 작은 모임 안에서 서로 질문하고, 고민하고, 토론하며 각자의 길을 찾아가는 모티브가 되기를 기대한다.

예수보다 더 따뜻했던 주일학교 선생님을 바라보며 교회로 향하던 나에게 예수는 있었을까?

최루탄이 난무하는 캠퍼스에서 친구의 손을 잡고 기도하던 나의 모습이 정당한 것이었을까?

지극히 현실적인 이유로 마음의 울림을 잠재우고, 월급에 평생 목매고 살아온 삶은 의미 있는 것일까?

전통과 관습에 매몰된 교회 정치에 거리를 두고 침묵으로 일관하며 나만의 신앙 생활에 충실한 것이 예수의 마음에 합당할까?

청춘 시절에 질문과 고민을 멈추지 않기를 제안한다.

이 땅에 푸르고 푸른 예수의 계절이 오기를 기다리며, 고민거리를 던진다.

엘더 권

공대 출신 교회 오빠가 풀어주는
청춘 인생 방정식

제1판 1쇄 | 2021년 11월 23일

지은이 | 권성구
펴낸이 | 유근석
펴낸곳 | 한국경제신문*i*
기획제작 | (주)두드림미디어
책임편집 | 최윤경, 배성분   디자인 | 얼앤똘비악earl_tolbiac@naver.com
삽화 | 김미현   말씀캘리 | 김 봄

주소 | 서울특별시 중구 청파로 463
기획출판팀 | 02-333-3577
E-mail | dodreamedia@naver.com
등록 | 제 2-315(1967. 5. 15)

ISBN   978-89-475-4761-1 (03230)